Klaus Willmann

Schreie der Ertrinkenden

Klaus Willmann

Schreie der Ertrinkenden

Von der Ostfront bis zum Untergang der *Gustloff*

Edition Förg

© 2019 Edition Förg GmbH, Rosenheim
www.rosenheimer.com

Titelfoto: © Bundesarchiv, Bild 183-L12212
Fotograf: Herbert Franz Augst
Lektorat und Satz: Dr. Helmut Neuberger, Ostermünchen
Druck und Bindung: GGP Media GmbH, Pößneck
Printed in Germany

ISBN 978-3-933708-94-6

Inhalt

Vorwort

Berichte in der Süddeutschen Zeitung und im Münchner Merkur erweckten mein Interesse. Der Hinweis des Verfassers eines Artikels über Hans Fackler im Münchner Merkur, Landkreis Ebersberg in Oberbayern, führte mich zu dem heute hochbetagten Mann. Herr Fackler schilderte mir seine Erlebnisse als junger Soldat und die schwierigen Jahre danach, und ich versuchte, ihn möglichst wortgetreu wiederzugeben.

Dieses Buch möchte alles sein, nur keine Verherrlichung von Heldentaten im Krieg. Es möchte vielmehr jüngeren Generationen ungeschminkt vor Augen führen, dass Frieden zu allen Zeiten immer nur die Zeit zwischen zwei Kriegen gewesen ist. Auch in unserer Zeit ist es keineswegs selbstverständlich, dass vor allem wir West- und Mitteleuropäer uns die Köpfe nicht mehr gegenseitig einschlagen.

Seit dem 8. Mai 1945 dürfen wir nach anfangs erheblichen Schwierigkeiten schon 73 Jahre lang – das sind viel mehr als zwei Generationen – wenigstens in unserem Land und in einigen mit uns verbündeten Staaten den Frieden genießen. Diese Tatsache darf vor allem junge Politikerinnen und Politiker, die die Schrecken des Krieges nicht am eigenen Leib verspüren mussten, nicht dazu verleiten, den Frieden als selbstverständlich, als gegeben zu betrachten. Ganz im Gegenteil. Dieser fragile Zustand kann mit jeder unbedachten Handlung, ja schon mit einem unklugen Wort gefährdet werden.

Wir können nur wünschen und hoffen, dass es weiterhin gelingen möge, den Frieden in Europa zu erhalten, unsere Staatengemeinschaft aus bewaffneten Konflikten herauszuhalten, bei denen erfahrungsgemäß überwiegend die Zivilbevölkerung zu leiden hat, und im Rahmen unserer Einflussmöglichkeiten weltweit Frieden zu stiften, wo heute noch Krieg herrscht.

Grafing im Frühjahr des Jahres 2018
Der Verfasser

Kindheit und verkürzte Jugendjahre

Kurz vor meiner Geburt verunglückte mein Vater tödlich mit seinem Auto in der Nähe von Berlin, sodass ich als Halbwaise aufwuchs. Meine Mutter zog mit mir in eine Mietwohnung nach München, und dort ging ich auch zur Schule. Unsere Lehrer standen noch ganz unter dem Eindruck des verlorenen Ersten Weltkriegs, hatten den Nationalismus der Kaiserzeit in die Jahre der Republik hinübergerettet und haderten mit der Niederlage und dem in ihrer aller Augen schmachvollen Friedensvertrag von Versailles.

Auch unser Klassenlehrer berichtete uns oftmals mit spannenden Erzählungen von seinen Erlebnissen als Offizier an der Westfront. Mich beeindruckte am meisten seine Schilderung, wie er in französische Gefangenschaft geraten war und mit anderen Kameraden auf einem umzäunten Gelände vor einem ausgebrannten Fabrikgebäude hatte lagern müssen. Trotz strenger Bewachung war es ihnen gelungen, in nächtelanger Arbeit einen Durchschlupf unter dem Zaun hindurch zu graben und den dabei entstandenen Erdaushub unbemerkt zu verteilen.

»Mit mir zusammen konnten 15 Mann unbemerkt durch diesen Fluchtweg entkommen und sogar wieder zur Truppe zurück gelangen.«

Diese Erzählungen endeten meist mit ahnungsvollen Worten: »Wahrscheinlich werdet ihr alle in einen neuen Krieg hineinwachsen.« Denn seit einigen Jahren waren Hitler und seine NSDAP an der Regierung, und die gewaltigen

Anstrengungen des Regimes zur Wiederaufrüstung der deutschen Armee und zur Militarisierung der Gesellschaft durch eine aggressive Propaganda waren nicht mehr zu übersehen.

Wir freilich nahmen diese Prophezeiungen nicht allzu ernst, denn der Krieg erschien uns wie ein großes Abenteuer. Wir genossen nach wie vor unbeschwert unsere freien Stunden, auch den Dienst im »Jungvolk«, denn dieser war für zehn- bis vierzehnjährige deutsche Jungen staatlicherseits erwünscht und ab Frühjahr 1939 obligatorisch. Die Uniformen – Braunhemden und kurze schwarze Hosen im Sommer – und vor allem die schwarzen Koppel mit den Lederscheiden für die Fahrtenmesser übten auf uns eine große Anziehungskraft aus – in einer Zeit, in der das Bild der Gesellschaft von Uniformen geprägt war.

Als Angehöriger des Jahrgangs 1926 gehörte auch ich wie alle meiner Altersgenossen nach meiner Volksschulzeit vom 14. Lebensjahr der HJ (Hitlerjugend) an. Diese war die einzige von den Nazis zugelassene und geförderte Jugendorganisation. Eine zu Beginn des Jahres 1939 erlassene Verordnung der Reichsregierung verpflichtete jeden deutschen Jungen zur Mitgliedschaft. Wir empfanden diese Pflicht jedoch keineswegs als Last. Das Zusammengehörigkeitsgefühl, der Hauch von Abenteuer im Zeltlager am lodernden Lagerfeuer, die Geländespiele und ähnliche paramilitärische Veranstaltungen haben uns durchaus gefallen. Auch ich habe während meiner Lehrzeit als Schreiner (Tischler) mit meinen vierzehn Jahren begeistert an Veranstaltungen der HJ teilgenommen. Die begleitende ideologische Indoktrinierung habe ich als gegeben hingenommen.

Wir wohnten in jenen ersten Kriegsjahren in der Münchener Robert-Koch-Straße 14 in einem Mietshaus, und meine Mutter pflegte Milch, Eier und andere Lebensmittel in einem kleinen Kramerladen zu kaufen. Lebensmittel waren rationiert, und heißhungrige Jugendliche wie ich wurden nur selten satt. Ich kann mich noch gut daran erinnern, wie Mutter eines Tages sehr verärgert mit leerer Einkaufstasche in unsere Wohnung zurückkehrte und aufgebracht erzählte: »Heute konnte ich mich nicht mehr beherrschen, weil der Laden wieder einmal wie leer gefegt war. Nicht einmal Brot hatten sie in ihren Regalen. Dabei ist mir herausgerutscht: ›Der Hitler kann mich bald am Arsch lecken, wenn er nicht einmal genug Lebensmittel für seine Volksgenossen beschaffen kann!‹«

Der folgende Tag war ein Sonntag. Wir saßen gerade vor unserem kargen Frühstück am Küchentisch, als die Klingel an unserer Wohnungstür schrillte. Als ich öffnete, stand ich zwei Herren mittleren Alters gegenüber. Beide waren mit grauen Mänteln und breitkrempigen Hüten fast uniform gekleidet. Vor allem der Ältere der beiden musterte mich streng, aber auch irgendwie erstaunt. Weil ich in einer halben Stunde in den Alten Hof zum Appell der HJ gehen wollte, trug ich Braunhemd und schwarze Hose, eben die vorschriftsmäßige HJ-Uniform.

»Ist deine Mutter da?«, fragte indessen der andere.

»Ja! Warum?«

»Das werden wir ihr gleich selbst sagen!«

Kaum war ich zur Seite getreten, da drängten die beiden in die Küche und musterten meine Mutter mit strengen Blicken. Dann fragte der Ältere: »Frau Fackler, was haben Sie sich gestern eigentlich gedacht, als Sie beim Einkaufen unseren Führer so lautstark in aller Öffentlichkeit beleidigt haben?«

Über die unerschrockene Antwort meiner Mutter konnte ich mich nur wundern: »Beim Einkaufen sagen Sie! Das ist maßlos übertrieben, denn es gab wieder einmal nichts! Es tut mir leid, dass mir das bei meinem Ärger so

11

herausgerutscht ist. Mit meiner Gesinnung hat dies nichts, aber auch gar nichts zu tun, wenn Sie das meinen! Da können Sie gern alle im Haus fragen.«

»Das haben wir schon getan, Frau Fackler! Sie können von Glück sagen, dass alle Auskünfte über Ihre Person günstig für Sie ausgefallen sind! Wir sind nämlich von der Gestapo (geheime Staatspolizei). Dennoch müssen wir Ihnen hiermit eine strenge mündliche Verwarnung erteilen. Sollten wir über Sie nochmals auch nur das Geringste hören, kommen Sie nicht noch einmal so glimpflich davon!«, Nach dieser Drohung standen die beiden stramm, streckten den rechten Arm bis in Augenhöhe vor und riefen: »Heil Hitler!«

Unwillkürlich stand auch ich stramm und tat es ihnen gleich. Dabei sah ich aus den Augenwinkeln, dass auch Mutter ihren Arm zum »Deutschen Gruß« hob, während die beiden unheimlichen Herren schon aus der Wohnung hinausstapften.

Das sollte nicht die einzige Überraschung dieses Tages bleiben. Denn später, als ich zusammen mit meinem Freund Gerhard Hugel und einem anderen Kameraden meines HJ-Fähnleins den Saal betreten wollte, mussten wir an einer mit einer fliegerblauen Uniform bekleideten sehr hübschen jungen Frau vorbei, die an einem kleinen Tisch vor der Tür saß und von jedem von uns Namen, Anschrift und Geburtsdatum notierte. Wir blickten uns alle drei etwas erstaunt an. Doch nun kam ein junger, strammer und mit dem Ritterkreuz ausgezeichneter Oberleutnant auf uns zu, begrüßte uns freundlich und fragte: »Möchtet ihr nicht auch Angehörige der ›Hermann-Göring-Division‹ werden? Einige Kameraden konnte ich schon anwerben.«

Der zusammen mit Gerhard und mir eingetroffene Kamerad rief sofort laut: »Jawoll! Hiermit melde auch ich mich als Freiwilliger zu dieser Elitedivision!«

»Danke! Ich gratuliere zu diesem lobenswerten Entschluss!«

Dann stellte er Gerhard die gleiche Frage. Dieser trat vor, und ich hörte ihn sagen: »Danke, Herr Oberleutnant! Das darf ich mir aber noch überlegen.«

»Natürlich! Aber ich frage mich, was es für einen gesunden deutschen Jungen da noch zu überlegen gibt.«

Danach blickte er mich fragend an, und ich rief ohne lange nachzudenken: »Herr Oberleutnant! Ich schließe mich der Meinung meines Freundes an!«

Mit einer nicht unfreundlichen Handbewegung bedeutete mir der Werber, mich zu meinen aufgeregt durcheinander schwatzenden Kameraden in den Saal zu begeben.

Im Sommer 1942 wurde auch ich von der HJ als Sechzehnjähriger in eines der damals üblichen Wehrertüchtigungslager ins Schloss Hohenkammer befohlen. Das war für mich eine willkommene Abwechslung vom arbeitsreichen Alltagstrott. Das altehrwürdige Schlossgebäude liegt in der malerischen, teilweise bewaldeten Hügellandschaft nordwestlich von München. Hier erlebte ich erstmals militärischen Drill, dazu unbedingten Gehorsam und körperliche Ertüchtigung. Dazu lernten wir den Umgang mit Handfeuerwaffen.
Wir waren in jenen ersten Kriegsjahren begeistert von den Erfolgen der anscheinend unüberwindlichen, siegreichen deutschen Wehrmacht, die der Rundfunk immer wieder in Form von Sondermeldungen bekannt gab.

Der Leiter des Lagers und seine Ausbilder schienen den größten Wert darauf zu legen, dass wir schnurgerade ausgerichtet marschieren und dabei laut singen konnten.

»Schön kann es ja klingen, natürlich, aber laut muss es unbedingt sein.« So brüllten wir denn, mehr als wir sangen, Soldaten- und Propagandalieder wie das folgende:

13

Es zittern die morschen Knochen
der Welt vor dem großen Krieg.
Wir haben den Schrecken gebrochen,
für uns war's ein großer Sieg.
Wir werden weiter marschieren,
wenn alles in Scherben fällt.
Denn heute da hört uns Deutschland
und morgen die ganze Welt.

Kaum einem von uns war bewusst, dass uns die Partei auch mit Liedern wie diesem zu ideologisch zuverlässigen Kämpfern zu erziehen versuchte. Für fast jeden war es nicht nur während dieser Tage eine Selbstverständlichkeit, so bald wie möglich Soldat zu werden, um den schon errungenen Siegen weitere hinzuzufügen.

Von den etwa hundert jungen Burschen im Lager fielen drei immer wieder durch ihr kaum verhohlenes Desinteresse und ihr defensives, eigenbrötlerisches Verhalten auf. War es von unseren Ausbildern nur geduldet, oder kam die Idee sogar von ihnen? Jedenfalls wurden die drei schon während einer der ersten Nächte kahl geschoren, in einen Sack gesteckt und jämmerlich verprügelt.

Als ich wieder zu meiner Mutter nach München zurückkehrte, zeigte sie mir einen Artikel in einer Zeitschrift, der von unserem Lagerleben berichtete. Ein Bild zeigte unsere Marschkolonne. Wegen meines hohen Wuchses marschierte ich in der ersten Reihe und war deutlich zu erkennen. Sie schien stolz auf mich zu sein und bewahrte die Zeitschrift als Andenken auf. Wahrscheinlich fiel sie später wie so vieles andere den durch Bombenangriffe auf meine Heimatstadt verursachten Bränden zum Opfer.

Nach meiner Gesellenprüfung, mit 17 Jahren, bekam ich sogleich eine Aufforderung zur Musterung im Hofbräukeller. Meine Mutter und ich konnten uns Wirtshausbesuche nicht leisten. So hatte ich keine Ahnung von den Münchner Gaststätten und meldete mich versehentlich im Hofbräuhaus – sehr zum Gaudium des dortigen Personals.

»Was willst du denn hier bei uns? Hier wird nicht gemustert. Du möchtest ein Münchner sein und verwechselst das Hofbräuhaus mit dem Hofbräukeller!«

Ein großer, schlanker und schon grauhaariger Kellner trat auf mich zu, musterte mich mit spöttischen Blicken und meinte: »Bub, bei uns hier wird nicht gemustert, und jetzt schleich dich!«

Beschämt verabschiedete ich mich. Bisher war ich mit meiner Arbeit als Lehrling, den Heimabenden der HJ oder auf dem Fußballplatz vollauf beschäftigt gewesen und kannte kaum eine Gastwirtschaft von innen. Trotzdem ärgerte ich mich, dass ich mich deshalb so dumm hatte anreden lassen müssen.

Eine halbe Stunde später stand ich in einer langen Warteschlange und schließlich vor einem Arzt, der uns einer eher flüchtigen als gründlichen Untersuchung unterzog. Mich überraschte es nicht, dass ich als »KV« (kriegsdienstverwendungsfähig) eingestuft wurde, denn ich war kerngesund, durchaus sportlich und zudem alles andere als verweichlicht.

Schon eine Woche nach der Musterung bekam ich die Einberufung zum RAD (Reichsarbeitsdienst). In einem Barackenlager in Zellmühleck musste ich mich melden. Dieser kleine Weiler liegt im bayerischen Oberland am Alpenrand in den Wäldern unweit des Kochelsees und besteht auch heute noch aus nur wenigen Bauernhöfen. Bei gutem Wetter sahen wir von unserem Lager aus die Gipfel von Herzogstand und Heimgarten sowie die mächtigen Wasserrohre, die vom höher gelegenen Walchensee zum Elektrizitätswerk am Ufer des Kochelsees herabführen.

Wir jungen Burschen waren in drei großen Baracken untergebracht, die in Stuben für je zwölf Mann aufgeteilt waren. Die Einrichtung bestand aus einfachen Stockbetten in Fichtenholz. Drei dieser sogenannten Doppeldecker standen rechts und links eines schmalen Durchgangs von der Tür zum Fenster, und dazwischen standen unsere Spinde an den Wänden. Schon beim Einräumen dieser schmalen Schränke machte uns ein Unterführer klar, dass im Lager ein knapper, militärischer, um nicht zu sagen: rauer Umgangston herrschte.

Zusammen mit mir und einigen anderen war Fritz Berger aus München mit der Bahn angereist und wurde mir in der Zeit unseres Arbeitsdiensteinsatzes ein guter Freund. Während einer besonders zackigen Ansprache unseres Vorgesetzten flüsterte er mir ins Ohr: »Hans, lass doch diesen Gernegroß brüllen, wie er will. Die sechs Monate werden wir trotzdem überstehen.«

Unsere Vorgesetzten, z. B. unser Feldmeister, bewohnten eine besser ausgestattete Baracke, die erhöht über unserer Unterkunft lag und ihren Bewohnern einen schönen Ausblick über die hügelige Voralpenlandschaft gewährte. Diesen Vorzug gönnte ich ihnen gern, denn sie mussten im Gegensatz zu uns auf Dauer hier hausen.

In den folgenden Sommermonaten bauten wir Forststraßen, verbreiterten eine Brücke über einen Bach und wurden immer wieder militärisch gedrillt. Besonders zuwider war mir das sogenannte Griffeklopfen mit blankpoliertem Spaten. Dabei erwiesen sich nicht die höherrangigen Vorgesetzten, sondern die Unterführer als die schlimmsten Schinder. »Wenn ihr nach euren sechs Monaten hier bei uns endlich Kasernenhöfe bevölkert, lassen wir uns von euch nicht unseren Ruf als Ausbilder beschädigen! Reißt euch also gefälligst am Riemen, ihr Schlappschwänze! Wir sind doch hier kein Kindergarten!«

Solche und ähnliche Rufe schallten oftmals über den schon nach wenigen Tagen gekiesten Hof vor unseren Baracken, der uns allen bald verhasst war.

Waschen konnten wir uns nur im Freien. Aus einigen Wasserhähnen über einem langen Steintrog (so wie er heute noch vor Almhütten als Viehtränke üblich ist) floss nur kaltes Wasser. Wehe demjenigen, der nach den Reinigungsprozessen unseren Vormännern nicht sauber genug erschien. Die Folgen waren nicht nur schmähliche Beschimpfungen, sondern bestanden oftmals aus Kniebeugen, Liegestützen oder Häschen-Hüpf (in Hockstellung mit vorgestreckten Armen um den Platz hüpfen). Die Fantasie einiger Vormänner schien unerschöpflich zu sein, und unser Mitgefühl für die Betroffenen hing vom jeweiligen Grad ihrer Beliebtheit ab.

Dreimal während unserer RAD-Zeit erschütterten Luftangriffe auf München unsere bisher ungetrübte Siegeszuversicht. Aber kaum einer von uns wagte dies laut zu äußern, weil es als Wehrkraftzersetzung ausgelegt werden konnte. Unsere Vorgesetzten würden so etwas keinesfalls dulden.

Während der ersten dieser Bombennächte standen wir vor unseren Baracken und konnten den Feuerschein über der Stadt sehen. Mein Kamerad Heinz Strauch war im Münchner Stadtteil Solln zu Hause. Er stand neben mir und rief wütend: »Die können also ihre schweren Koffer fast ungestört abladen. Ist denn unsere Luftabwehr so schwach? Dabei hat unser dicker Herr Luftmarschall Göring einmal laut verkündet: ›Wenn nur ein einziges feindliches Flugzeug unser Reichsgebiet überfliegt, will ich Meier heißen.‹ Von Hamburg, Köln und anderen Städten will ich gar nicht reden. Unser Herr Obermeier sollte sich schämen!«

Prompt klang eine Stimme aus dem Dunkel: »Heinz! Das will ich überhört haben. Du hast ja schon öfter laut gedacht. Halt dein loses Mundwerk, sonst könnte es passieren, dass du schneller als du glaubst irgendwo anders arbeiten wirst – in einem KZ zum Beispiel!«

Als Antwort knurrte Heinz einige unverständliche Worte vor sich hin.

Am darauffolgenden Morgen wurden wir zu Aufräumarbeiten nach München befohlen.

Zusammen mit einigen Kameraden begannen wir in der Villa unseres obersten RAD-Chefs Glasscherben zu fegen, Fenster neu zu verglasen, den beschädigten Dachstuhl zu erneuern und die Lücken im Dach mit neuen Dachziegeln zu schließen. In unseren Reihen waren doch alle Berufszweige vertreten. Auch zu anderen Villen im Nobelstadtteil Grünwald wurden wir abkommandiert.

Heinz Strauch arbeitete neben mir und raunte mir halblaut, aber hörbar erbost ins Ohr: »Hans! Hier wohnen lauter Parteibonzen. Wahrscheinlich haben sie diesen Vorort deshalb bombardiert. Aber wie du siehst, gibt's hier alles, was wir zum Ausbessern der Schäden benötigen. Gestern Abend mussten wir beide feststellen, dass sich unten in der Stadt kein Mensch außer einigen HJ-lern um die entstandenen Schäden kümmerte. Die Leute müssen alles selbst machen und froh sein, wenn sie ein paar Bretter zum Vernageln der kaputten Fenster bekommen. Dabei ist genug Glas vorhanden …«

»Heinz, denk nicht wieder so laut«, flüsterte ich zurück. »Unseren Familien ist doch nichts geschehen.«

»Nur weil sie verdammtes Schwein gehabt haben«, entgegnete er leise.

Von Montag bis Samstag waren wir in Grünwald beschäftigt. Wir schliefen in einer Turnhalle auf Stroh und bekamen wesentlich bessere Verpflegung als im Lager. In den Folgemonaten wurden wir noch zweimal zu sogenannten Aufräumungsarbeiten in der Stadt eingesetzt.

Im Herbst 1943 stürzte ein amerikanisches Jagdflugzeug in den Kochelsee oder dessen bewaldete Steilufer. Die genaue Absturzstelle konnte niemand angeben. Wir empfanden es als Abwechslung vom RAD-Trott, dass wir zwei Tage lang vergebens nach dem Piloten suchen mussten. Nach jedem dieser Tage fand abends in unseren Buden Kleiderappell statt. Die Unterführer begutachteten dabei machtbewusst und peinlich genau alle unsere Ausrüstungsgegenstände und natürlich auch unsere Wäsche und Uniformen. Einigen meiner Kameraden bescherte dies unruhige Nächte, wenn beispielsweise ihre Stiefel nicht wieder sauber geputzt waren, der Spind nicht ordentlich genug befunden wurde oder ihnen irgendeine andere Kleinigkeit angelastet werden konnte. Dabei hatte ich immer Glück und brauchte mich von keinem der wild tobenden Unterführer mit laut gebrüllten Befehlen über den Barackenhof jagen zu lassen.

Eines bereitete mir und wahrscheinlich auch drei anderen Kameraden aus meinem ungefähr vierzig Mann starken Zug Spaß. Außer mir gab es noch drei weitere Schreinergesellen, wir konnten also gut mit Holz umgehen. In einer Werkstatt des Lagers bastelten wir am Abend nach getaner Arbeit entsprechend den Vorgaben des WHW (Winterhilfswerk) kleine Schiffe, Wiegen, Autos und dergleichen Spielzeug aus Holz. Diese Dinge waren angeblich für bedürftige Kinder bestimmt, deren Väter irgendwo als Soldaten getrennt von ihren Familien leben mussten.

Als ich hörte, dass der damals von uns gesuchte amerikanische Kampfpilot tot aus dem Kochelsee geborgen worden war, diente ich schon als Rekrut bei den Pionieren in Ingolstadt. Die Stadt an der Donau ist von alters her auch Garnisonsstadt, der ihre Vergangenheit als bayerische Landesfestung den Beinamen »Schanz« eingebracht hat.

Grundausbildung und erste Erfahrungen

Wegen meiner Körpergröße marschierte ich mit zwei fast gleich großen Kameraden immer in der ersten Reihe unserer Marschkolonne. Nicht unbedingt schön, auf jeden Fall aber laut singend marschierten wir aus der Kaserne durch die Stadt zu unseren verschiedenen Ausbildungsstellen. Die weniger großen Marschierer in den hinteren Reihen ermahnten uns immer wieder. »Macht doch nicht so große Schritte! Wir haben ja keine Luft mehr zum Singen und können euer Tempo kaum mithalten. Nicht jeder hat so lange Beine wie ihr drei!«,

Diese mahnenden Bitten erreichten uns nur im Flüsterton. Unsere strengen Ausbilder durften sie keinesfalls hören, denn einige von uns erfuhren schon während der ersten Tage in der Kaserne eine sogenannten »Sonderbehandlung« wegen unerlaubten Sprechens oder anderer geringfügiger Verfehlungen.

Nur wenige, aber endlos erscheinende Tage waren es, an denen wir an der Donau gründlich lernten, in Rekordzeit mit sogenannten Pontons, das waren schwimmfähige Unterlagen aus stabilem Metall für Brückenteile, die beiden Flussufer miteinander zu verbinden. Sogar schwere Fahrzeuge konnten auf unseren Brücken fahren, und ich ertappte mich mehrmals dabei, dass mich unser Werk ein wenig stolz machte. Ob es Zufall war weiß ich nicht, aber viele von uns Rekruten hatten Handwerksberufe gelernt und waren abgehärtete Burschen. Die wenigen Mamasöhnchen taten mir manchmal leid, wenn sie nicht nur von den unerbittlichen Ausbildern, meistens Unteroffizieren, manchmal auch von beobachtenden Offizieren oder auch von einigen meiner Kameraden verspottet wurden.

Andererseits machte sich bei der überwiegenden Anzahl von uns die paramilitärische Ausbildung bei der HJ bemerkbar. Auch hier galt das Motto: Zäh wie Leder, hart wie Kruppstahl, flink wie die Windhunde, ein deutscher Junge weint nicht, aber ein Mann keinesfalls! Kaum einem von uns war bewusst, dass wir schon seit Jahren zu möglichst gut funktionierenden soldatischen Robotern herangebildet wurden. Nicht nur auf dem Schießplatz wurde uns immer wieder eingeschärft: »Das Gewehr ist die Braut des Soldaten! Behandelt es immer sorgfältig! Euer Leben kann einmal davon abhängen, dass ihr gut damit umgehen könnt!«

Natürlich wusste ich schon aus der Zeit im Wehrertüchtigungslager, dass ich ein guter Schütze war. Als ich aber schon beim ersten Scharfschießen das beste Ergebnis von uns allen erzielte, war ich selbst überrascht. Innerhalb kurzer Zeit galt ich als der beste Schütze unserer Kompanie. Natürlich brachte mir dies das Wohlwollen meiner Vorgesetzten ein, und ich musste mich selbst dazu ermahnen, nicht übermütig zu werden. Den freien Tag, der mir einmal wegen eines besonders guten Schießergebnisses gewährt wurde, genoss ich in der Stadt in vollen Zügen.

Kaum jemand wird bestreiten, dass die Menschheit von alters her viel Zeit und Geld aufwendete, um Waffen oder Kriegsgerät zu erfinden und weiterzuentwickeln. Jetzt wurden auch wir geschult, Minen zu verlegen oder zu entschärfen oder mit panzerbrechenden Waffen umzugehen. Wir jungen Burschen glaubten, dass wir diesen Krieg gewinnen würden, keinesfalls aber verlieren durften. Wir waren alle, jedenfalls hatte ich dieses Gefühl, mit Leib und Seele bei der Sache.

In den letzten Novembertagen des Jahres 1943 marschierten wir in voller Kampfausrüstung und begleitet von den Klängen einer Blaskapelle zum Bahnhof. Wir wurden mit unserem technischen Gerät in Güterwaggons zum Transport mit uns noch unbekanntem Ziel verladen. Jedoch machte schon im Bahnhof von Salzburg das Gerücht von Waggon zu Waggon die Runde: »Wir fahren nach Jugoslawien! Die Bewohner dieses Landes sind seit Generationen untereinander zerstritten! Nun haben sie aber uns als ihren gemeinsamen Gegner entdeckt, und ihr Anführer, dieser Tito, hat sie geeint!«, … »Diese Kerle sollen inzwischen frech geworden sein!«, … »Was wird uns dort unten erwarten?«

Dunkle Ahnungen stiegen in mir auf. Partisanenkrieg? Da gibt es doch keine klaren Frontlinien; da weiß niemand, wo der Gegner versteckt ist, aus welchem Hinterhalt er schießen wird. Na prost Mahlzeit!

Laut wagte ich meine Gedanken nicht zu äußern. Doch dann jedoch gewann die Unbekümmertheit der Jugend wieder die Oberhand, und ich dachte mir: Hans, dir wird schon nichts passieren. Deshalb lachte ich mit meinen Kameraden und zusammen mit einigen hübschen und ebenfalls noch jungen Rotkreuzschwestern auf dem Bahnsteig um die Wette. Der Tee, den die jungen Salzburgerinnen an uns ausgaben, schmeckte nicht besonders gut. Eine der jungen Damen schien dies zu bemerken. Sie blinzelte mir zu, trat dicht vor mich hin und goss aus einer kleinen, flachen Flasche einen tüchtigen Schuss Rum in meine Tasse. »Ist's jetzt besser?«, fragte sie und zwinkerte dabei schelmisch mit ihren strahlend blauen Augen.

Unser Haufen kam zwar überwiegend aus Süddeutschland, war aber durchsetzt mit Berlinern, Rheinländern, Ostpreußen oder Sudetendeutschen, was der Kameradschaft keinen Abbruch tat.

Nach etwa einer Stunde wurde unser uns er angenehmer Aufenthalt in Salzburg jäh beendet: »Alles einsteigen!«

Während unser langer Güterzug langsam aus dem Salzburger Bahnhof rollte, lehnte ich mich weit aus der Waggontür und winkte meiner lustigen Wohltäterin so lange zu, bis ich ihr weißes, über ihrem Kopf hin und her wedelndes Tuch nicht mehr erkennen konnte.

»Hans, die scheinen es nicht eilig zu haben«, bemerkte Fritz, ein munterer Bursche aus Hamburg, als während der Nacht unser Zug in einem Bahnhof in Kroatien auf einem langen Nebengleis anhielt. Ein mit Panzern beladener Zug überholte uns, und Hörmann, unser »Wiener Striezi«, bemerkte dazu: »Die sind nicht für Jugoslawien bestimmt! Die fahren nach Griechenland!«

»Woher möchtest denn du des wissen?«, fragte eine kräftige Baritonstimme aus dem Hintergrund in unverkennbar schwäbischem Dialekt.

»Ich kenn' Leutnant Zwerger, den Zugführer vom zweiten Zug. Er stammt aus St. Pölten. Er hat mir in Salzburg erzählt, dass uns hier irgendwo dieser Panzertransport überholen wird! Das sei eingeplant.«

»Schade! Die Panzer könnten wir gegen diesen Tito auch gut brauchen.«

»Diesen Kerl räuchern wir doch auch ohne diese paar Panzer aus«, rief ein anderer dazwischen, und alle lachten.

Der erste Zug unserer Kompanie, zu deren 60 Mann auch ich gehörte, bezog anderntags ein kleines inmitten von Weinbergen gelegenes Schloss in Ladutsch (wir sprachen diesen Ortsnamen so aus). Die Ortschaft liegt in einer hügligen Landschaft eingebettet inmitten von Weinbergen, etwa 30 Kilometer von Agram, dem heutigen Zagreb, entfernt. Der zweite Zug marschierte zu einem etwa einen Kilometer weiter gelegenen Dorf, um dort

Quartier zu beziehen. Wo damals unser dritter Zug geblieben ist, weiß ich heute nicht mehr.

Bevor wir unsere Unterkunft betreten durften, ließ uns Hauptmann Möller antreten und deutete dabei auf mehrere dunkle Flecke an der weiß getünchten Außenwand:

»Alle mal herhören! Das sind Blutflecken! Deutsches Blut! Hier war vor uns eine SS-Einheit untergebracht. Ihre Wachen haben wohl geschlafen! Sie haben ihre Unachtsamkeit mit dem Leben bezahlt. Die Partisanen können jederzeit überall auftauchen! Seid also wachsamer, als diese Toten es gewesen sind.«

Danach wandte er sich an Leutnant Schreiner, unseren Zugführer. »Teilen Sie jeweils vier Doppelposten rund um die Uhr ein! So etwas darf sich nicht wiederholen!«, Nach diesem Befehl wendete er sich auf seinen Absätzen um, stelzte eine kleine Außentreppe zum Eingang des Schlosses hinauf und entschwand unseren Blicken.

Fritz neben mir flüsterte: »Hans, wir wohnen also in einer Feldherrnhalle! Mit der Hälfte unserer Offiziere unter einem Dach!«

»So ist es leider. Mir wäre es auch lieber, wenn wir weiter von diesen Herren entfernt unsere Strohlager beziehen könnten!«

»Fackler!«, hörte ich den Leutnant laut rufen und antwortete: »Hier!«

»Ziegler!« – »Hier!« Es folgten noch vier weitere Namen. »Sie übernehmen die ersten vier Stunden der Wache. Von diesem kleinen Pavillon dort können Sie den Vorhof und einen Teil der Straße gut überblicken, ohne selbst gesehen zu werden! Ein Hinweis auf Ihre Verantwortung für uns alle erübrigt sich! Wegtreten!«

Mit unseren Karabinern in der Hand gingen wir zu dem kleinen Holzhäuschen. »Scheiße!«, meinte Fritz, lehnte seine Knarre an die Wand und legte sich ungeniert auf die

Holzbank im Innern unseres Wachhäuschens. »Hans! Einer von uns und die anderen vier sind genug Aufmerksamkeit. Diese Brüder kommen doch nicht zweimal innerhalb so kurzer Zeit. Klar? Wenn etwas sein sollte, weckst du mich. Wenn eine Kontrolle kommt, siehst du das ja auch. Die nächsten beiden Stunden kannst du dich hier lang machen.«

»Ist gut Fritz«, meinte ich und nickte dazu zustimmend.

Zwei Stunden später weckte er mich und flüsterte. »Hans. Der Mond hat sich verkrochen, und bei diesem Nebel kann ich kaum noch zehn Meter weit sehen. Übernimm du die Straße, und ich bewache den Innenhof. Bei diesem elenden Schmuddelwetter wird mir doch ein wenig mulmig.«

Herbert Schmelig und Karl Meißner lösten uns um 22.00 Uhr ab und erklärten uns den Weg zu unseren Schlafstellen. »Natürlich Strohlager. Die anderen sind auch noch wach. Nachtruhe wurde erst vor wenigen Minuten befohlen.«

Immer noch mit unseren Karabinern im Anschlag gingen wir zur großen Eingangstür. Dabei meinte Fritz: »An diese Umgebung muss ich mich noch gewöhnen. Ob die Leute uns wirklich so feindlich gesinnt sind?«

»Fritz, das werden wir bald herausfinden.«

Anderntags blieben nur die vorgesehenen Wachen im kleinen Landschloss zurück. Wir anderen mussten in den Weinbergen auf feuchtem, schmierigem Boden robben, kriechen laufen, in volle Deckung gehen und alles befolgen, was unseren Unteroffizieren in den Sinn kam. Noch bevor etwa gegen 13.00 Uhr ein kleiner LKW mit dem Küchenanhänger in den Hof rollte, hatten wir schon den ersten Kleiderappell hinter uns. Als wir zum Essen fassen in den Hof hinaustraten, sah jeder von uns schon wieder aus wie aus dem Ei gepellt.

Max Grünwald schimpfte: »Der Fraß aus dieser Gulaschkanone kann meine miese Laune nicht verbessern. Dieser dünnflüssige Eintopf wird bei mir wahrscheinlich unverdaut wieder hinauspfeifen.«

Alle, die den ansonsten immer fröhlichen Max hörten, mussten lachen, nur Hörmann, unser »Wiener Striezl«, rief wichtigtuerisch laut: »Morgen müssen, nein dürfen wir arbeiten!«

»Weißt du auch, wo und was?«, fragte einer.

»Nicht genau. Aber irgendwo haben Partisanen eine Brücke gesprengt. Die dürfen wir zunächst mit Pontons ersetzen und danach wieder aufbauen.«

»Das ist doch immer noch besser als diese Schleiferei im Gelände«, bemerkte ich und erzeugte damit zustimmendes Gemurmel ringsumher.

Innerhalb erstaunlich kurzer Zeit gewöhnten sich fast alle von uns an die fremde Umgebung und irgendwie auch an ihre Bewohner. Es war zwar nicht gern gesehen, aber es wurde uns auch nicht untersagt, die eintönige Verpflegung in der näheren Umgebung unserer Unterkunft mit Frischmilch, Butter, frischem und sehr wohlschmeckendem Maisbrot oder mit Eiern aufzubessern. Dabei erklärte uns aber so mancher der von uns angesprochenen Weinbauern, dass sie nichts mehr hätten. »Deutsche uns alles schon genommen. Hühner weg – keine Eier! Unser Schwein aus Stall genommen! Haben du Salz? Wäre gut! Dann vielleicht ich woanders besorgen können.«

Das eintönige Angebot aus unserer Gulaschkanone sowie Kommissbrot und Kunsthonig machten mich erfinderisch. Ein von mir zu Hause erbetenes großes Paket mit Salz wirkte Wunder und fand rasch Nachahmer bei meinen Kameraden. Plötzlich hatten die Weinbauern wieder Hühner in irgendwo verborgenen Ställen – auch diejenigen, denen die

Deutschen zuvor angeblich alles weggenommen hatten. Zumeist war ich bei unseren Einkaufsausflügen mit Fritz Bauer und dem Gefreiten Max Grünwald zusammen. Dabei konnten wir beobachten, dass viele Bauersfrauen Kopftücher trugen und darüber die mit ihren Produkten beladenen Körbe gekonnt auf den Köpfen balancierten, wenn sie zu irgendwelchen Märkten gingen.

Max überraschte Fritz und mich eines Tages mit der Frage: »Wollt ihr zwei mich am Sonntag, also übermorgen, zu einer einheimischen Hochzeitsfeier begleiten?«

Als ich ihn ein wenig verdutzt anblickte, wischte er mit seinem unbeschwerten Jungenlachen nicht nur meine, sondern auch die von Fritz vorgebrachten Bedenken innerhalb weniger Sekunden beiseite. »Jungs! Ihr wisst doch, dass ich nachts schon mehrmals zu meiner Freundin ausgerissen bin. Ihr habt mich doch alle gedeckt, damit meine Abwesenheit nicht aufgefallen ist. Im Haus ihrer Eltern sind wir sicher. Nur auf dem fast einen Kilometer langen Heimweg schleiche ich vorsichtshalber durch die Weinfelder, nicht auf der Straße. Hört zu! Übermorgen heiratet die Schwester meiner Freundin. Denen habe ich schon angedeutet, dass ich euch mitbringen werde.«

Ohne uns lange zu besinnen, sagten wir zu und verbrachten im Kreis der Familie von Max' Freundin feuchtfröhliche Stunden. Die »Braut des Soldaten«, nämlich das Gewehr, hängte jeder von uns an einen Kleiderständer neben unseren Sitzplätzen und verbarg sie unter seinem Mantel. Die Patronen hatten wir entnommen.

Obwohl zahlreiche Gäste der Familie den Raum ausfüllten, bemerkte Max zuversichtlich und fröhlich wie immer: »Hier kann nichts passieren.«

Wir fühlten uns ziemlich fast sicher. Als Geschenk hatte jeder von uns eine Packung Salz mitgebracht, und wir genossen ein ausgiebiges Hochzeitsmahl, von dem ich heute noch träume. Keiner von uns sah einen Grund dafür, dem Wein und einigen Gläsern Sliwowitz zu entsagen.

Es war schon sehr spät, eher schon gegen Morgen, als wir nur von unseren Wachen beobachtet in unsere Quartiere zurückkehrten. Beim Morgenappell war mir noch schummrig im Kopf, doch ich glaubte, dass man mir nichts anmerken würde. Als Unteroffizier Wögler meine Waffe inspizierte, wurde ich schlagartig munter und nüchtern.

»Menschenskind!«, schrie er mich an. »Was wollen Sie denn mit einem Karabiner ohne Schloss? Das Ding kommt sofort wieder rein! Wollen Sie mich verarschen?«

Bei Fritz neben mir wiederholte sich dasselbe und weiter hinten hörte ich ihn brüllen. »Sie Witzbold! Glauben Sie denn, ich wäre blind. Machen Sie das Ding sofort wieder rein!«

Zu spät erkannten wir, dass man uns während der Hochzeitsfeier die Schlösser unserer Karabinern geklaut hatte.

Beim Rapport im Zimmer unseres Hauptmanns blieb uns nichts anderes übrig, als die Wahrheit zu bekennen. Er reagierte streng, aber gelassen, rief mit lauter Stimme unseren Spieß, Hauptfeldwebel Oberbuchner, zu sich und befahl: »Schaffen Sie mir unverzüglich den Bürgermeister des Dorfes herbei! Wie Sie das bewerkstelligen, ist mir völlig egal! Das Weitere wird sich finden. Und diesen drei Unglücksraben verordne ich drei Tage verschärften Arrest! Dieser ist unverzüglich anzutreten!« Nach diesen Befehlen blickte er jedem von uns streng in die Augen und meinte: »Verschwinden Sie! Wehe wenn ich künftig auch nur die geringste Klage über einen von Ihnen höre! Raus!«

Wir standen stramm, grüßten vorschriftsmäßig und verließen rasch das Zimmer.

Unsere Arrestzelle war ein gut erhaltener, leerer Hühnerstall hinter dem herrschaftlichen Gemäuer. Die Mauern bestanden aus unverputzten Ziegelwänden und der Boden aus fest gestampftem Lehm. Die Fenster waren winzig klein, quadratisch und nicht zu öffnen. In der hinteren Ecke des länglichen Raumes war frisches Stroh für uns als Schlafplatz aufgeschüttet.

»Ersticken werden wir drei hier drinnen nicht, auch wenn nur durch diesen Hühnerschlupf Frischluft hereinkommt!«, stellte unser Witzbold Max grinsend fest und zog dabei Spielkarten aus seiner Hosentasche. »Jungs! Verzeiht mir bitte, dass ich euch da mit hineingezogen habe. Aber so etwas konnte ich doch nicht ahnen.«

»Wir waren doch alle drei kaum mehr fähig, unsere Waffen ständig im Auge zu behalten«, beruhigte Fritz unseren heute bedrückt aussehenden Kameraden.

Um keinerlei Unstimmigkeiten aufkommen zu lassen, stellte ich fest: »Mit drei Tagen Bau sind wir verdammt gut bedient. Außerdem haben wir gestern alles gern genossen, was uns geboten wurde. Was solls!«

Während unseres Arrestes litten wir keine Not. Unsere Kameraden versorgten uns durch den Hühnerschlupf mit reichlich Wein anstelle der vorgesehenen Wasserrationen. Schon bei der ersten Lieferung rief der Bote zu uns herein: »Der Bürgermeister war schon beim Kompaniechef. Unser Hauptmann soll dem armen Kerl knallhart erklärt haben: ›Wenn die drei Gewehrschlösser nicht bis spätestens morgen Früh wieder hierher zurückgebracht werden, wird in Ihrem Dorf jeder zehnte männliche Einwohner über 14 Jahren erschossen. Sollten keine Männer aufzufinden sein, werden Frauen und Mädchen dran glauben müssen. Sorgen Sie gefälligst dafür, dass die drei Gewehrverschlüsse wieder auftauchen! Und jetzt raus mit Ihnen!«

Wir waren alle drei geschockt, sogar unser Witzbold blickte nachdenklich zu Boden. Auch bei den nächsten Runden Skat bemerkte ich, dass keiner von uns bei der

Sache war. Beim nächsten Wein- und Nahrungsnachschub blickten wir alle drei erstaunt auf ein großes Stück Schweinespeck und ein frisches Maisbrot.

»Hans und Fritz! Wir haben uns bei euren Salzbeständen bedient. Eure Knarren sind wieder komplett. Wir sind alle froh, dass keiner zu einem Exekutionskommando befohlen wird. Unser ›Alter‹ ist eben doch kein Eisenfresser. Er tut nur so grimmig. Lasst es euch schmecken.«

Gegen Abend unseres dritten Arresttages wurde die Tür geräuschvoll aufgesperrt, und unser Hauptmann trat ein. Noch während wir das Geräusch des Schlüssels vernahmen, verschwand die letzte unserer Weinflaschen im Stroh. Wir sprangen alle drei auf, standen stramm, und der Gefreite Max machte laut Meldung: »Gefreiter Grünwald und zwei Mann beim Arrest!« Sein leichter Zungenschlag war kaum zu überhören.

Der Offizier musterte unsere drei leicht schwankenden Gestalten und rief streng: »Sie sind ja besoffen!«

»Jawoll, Herr Hauptmann!«, rief Max.

Ein schwer zu deutender Blick streifte uns. Dann rief unser Hauptmann dem vor der Tür wartenden Feldwebel zu: »Diese drei bleiben für drei weitere Tage in Arrest!« Dann wandte er sich wieder an uns: »Wehe Ihnen, wenn ich Sie noch einmal in diesem Zustand antreffen sollte!« Danach machte er auf dem Absatz kehrt und verließ den Raum.

Die drei folgenden Tage verliefen fast wie die vorangegangenen, jedoch nicht ganz so feucht-fröhlich. Obwohl unsere »Zelle« angeblich beobachtet wurde, gelang es einem unserer Kameraden immer wieder, uns mit Nachschub zu versorgen und die leeren Flaschen zu entsorgen.

Wir hatten gerade unsere Arresttage hinter uns, da wurde die Kompanie zu einer Suchaktion befohlen: »Der Partisanenführer Tito soll sich in den Wäldern östlich von

Agram aufhalten. Wir müssen mithelfen, ihn zu finden und dingfest, auf jeden Fall unschädlich zu machen.«

»Das glaubst du ja selbst nicht, dass wir das schaffen.«

»Der Kerl kennt doch zu viele Schlupflöcher und genießt die Unterstützung der Bewohner!«

»Das wird doch eine Treibjagd ohne Beute!«

Solche und ähnliche Bemerkungen schwirrten durch unsere Reihen, bevor wir aufbrachen.

Wie wir es fast alle vermutet hatten, blieb unsere drei Tage währende Suchaktion erfolglos. Inzwischen war es Frühling geworden, und es wäre hier schön gewesen, wenn wir nicht als ungebetene Gäste, als verhasste Besatzungssoldaten hier gewesen wären. Allein durfte sich keiner von uns mehr auf die Straße wagen. Fast überall spürten wir die feindliche Stimmung der Einheimischen. Freundlichkeit begegneten wir selten und wenn, dann war sie wahrscheinlich geheuchelt.

Eines Morgens war die Telefonleitung zum zweiten Zug im nicht weit entfernten Nachbardorf unterbrochen. Unser Hauptmann wollte Leutnant Zwerger, dem Zugführer, eine dringende Nachricht übermitteln. Wegen der unsicher gewordenen Lage schickte er nicht nur einen Melder, sondern gleich fünf Mann zu ihm.

»Das müsste eigentlich reichen!«, soll er zu unserem Hauptfeldwebel gesagt haben, bevor sich die fünf auf den Weg machten. Sie kamen nicht mehr zurück. So weit waren wir also schon. Keiner konnte sich mehr sicher fühlen.

Im April 1944 verluden wir in Ladutsch unser Gerät auf LKWs und erhielten anschließend nagelneue Fahrräder, mit denen wir in Richtung Ungarn fuhren. Keiner war traurig, dass wir das Land verlassen würden. Irgendwie war es bis zu uns Landsern durchgedrungen, dass wir Ungarn besetzen und sichern sollten, bevor die Russen es tun würden.

Einmarsch in Ungarn

Kurz vor der ungarischen Grenze lieferten wir unsere Fahrräder wieder ab und fuhren auf LKWs hinter drei Panzern nach Ungarn hinein. Man munkelte, dass wir Pioniere dazu vorgesehen seien, etwaige Hindernisse zu beseitigen oder nötigenfalls Brücken zu reparieren oder zu errichten. Der Tross mit unserem Material fuhr hinter uns. Bisher war kein einziger Schuss gefallen. Die Ungarn begrüßten uns überall, wo wir anhielten, freundlich. Kinder oder junge Frauen überreichten uns Blumen oder bewirteten uns mit Kuchen und allen möglichen Leckerbissen.

»Die haben doch Angst vor den Russen und betrachten uns als das kleinere Übel!«, bemerkte unser ansonsten eher schweigsamer Sepp und fügte hinzu: »Die sind zu uns so freundlich wie wir daheim zu den Jagern.«

Wir lachten, denn wir wussten, dass er in der Jachenau bei seinen Eltern in einem kleinen Anwesen wohnte und im Staatsforst arbeitete. Er hatte zwar keinen Jagdschein, besaß aber eine gute Büchse.

Innerhalb von drei Tagen hatten wir Ungarn durchquert. In der ersten Nacht schliefen wir im Stadtteil Buda in Budapest auf Stroh in einer Turnhalle. Als ich am frühen Morgen erwachte, sah ich, wie drei Kameraden wie wild ihre Wäsche ausschüttelten. Noch schlaftrunken fragte ich sie: »Was habt ihr denn. Warum seid ihr denn so unruhig?«

»Du bist vielleicht lustig! Schau mal in deiner Unterwäsche und deinem Hemd nach. Hast du keine Läuse?«

Und ob ich die hatte! Wir bekamen zwar frische Hemden und Unterwäsche, aber die Nissen dieser kleinen Plagegeister schien ein Waschvorgang nicht zu kümmern. Sie kamen anscheinend unbehelligt einige Tage später wieder ans Tageslicht und machten uns das Leben schwer. Vor allem in den Achselhöhlen schienen sie sich wohlzufühlen. Das war sehr unangenehm, aber zu ertragen. Manchmal fragte ich mich, ob ich diese Plagegeister jemals wieder loswerden würde.

Ungarn schien fest in deutscher Hand zu sein. Wir aber verluden wieder einmal unsere Ausrüstung. Diesmal ging die Reise in Güterwagen etwa vierzehn Tage lang mit Unterbrechungen zunächst durch Polen, dann in die Ukraine. Unser Ziel war angeblich Kiew. Bei einigen Halts war es unvermeidlich, dass wir Wasser aus verschiedenen Ziehbrunnen pumpten, uns erfrischten, aber auch davon tranken. Etwa 60 Mann, darunter auch ich und elf andere aus unserer Kompanie holten sich dabei die Ruhr.

Als man dies erkannte, wurden wir sofort abgesondert und in ein Feldlazarett bei Lemberg zurückgebracht. Etwa vier Wochen lag ich dort und kann mich daran erinnern, dass der Stabsarzt bei der Untersuchung leise vor sich hin murmelte: »Das sind doch noch Knabenknie.«

Der Mann erschien zwar nach außen streng, fast unnahbar zu sein, war aber kein Eisenfresser. Im Gegenteil. Er behielt jeden von uns so lange wie irgend möglich in seiner Obhut, bevor er ihn als geheilt wieder an die Front schicken musste.

Einen Tag bevor auch ich entlassen werden sollte, ging ein Unteroffizier niesend an meinem Bett vorbei. Er litt an sogenanntem wolinischem Fieber. Dieses Wort sagte mir nichts. Aber schon während der folgenden Nacht schüttelten mich Hitzewellen. Eine ältere Rotkreuzschwester maß bei mir 41° Fieber und holte einen jüngeren Arzt.

»Schon wieder einen Fall von wolinischem Fieber! Warum haben Sie den Mann neben diesem ausgemergelten langen Lulatsch nicht früher verlegt?«

»Wohin denn? Wir sind doch überbelegt.«

»Egal! Ich muss das sofort dem Stabsarzt melden.«

Am dritten Tag war mein Fieber wie weggeblasen, und ich fühlte mich wieder völlig gesund.

»Freuen Sie sich nicht zu früh!«, erklärte mir der Stabsarzt. »Dieses nur hier in der Gegend heimische Fieber ist heimtückisch. Es wird auch bei Ihnen nach fünf oder sechs Tagen wieder ausbrechen. Dagegen hilft nur eine schnelle Luftveränderung, damit Sie es wieder loswerden. Ich werde Sie in ein Lazarett in den Karpaten verlegen. Es wird wohl noch ein Weilchen dauern, bis Sie wieder gesund und leistungsfähig sind.«

Nach einem zehn Tage währenden Aufenthalt im Karpaten-Lazarett wurde ich nach Brünn zu einer Frontleitstelle befohlen. Zu meiner Überraschung bekam ich dort keinen Marschbefehl an die Front, sondern einen Urlaubsschein. Ich jubelte innerlich. Meine Freude steigerte sich noch, als ich ein sogenanntes »Führerpaket« mit auf den Weg bekam. In diesem befanden sich eine Hartwurst, Fisch- und Fleischkonserven, Kekse und andere Kleinigkeiten. Nun musste ich nicht mit leeren Händen vor meine Mutter treten. Als ich daran dachte, glaubte ich die Worte des entlassenden Arztes wieder zu hören: »Erholen Sie sich gut.«

Inzwischen war es Ende Juli geworden und ich beschloss, zu Hause jede Minute zu genießen.

Feuertaufe

Die Urlaubstage verflogen wie ein schöner Traum. Am 12. August musste ich mich in einem für die Wehrmacht reservierten Raum im Kaufhaus Hertie melden. Ein grauhaariger Major musterte meine Papiere. »Ihre Einheit befindet sich im Mittelabschnitt der Ostfront!«, erklärte er. Dass die nicht wieder nach Ingolstadt umgezogen sind, ist schon klar, dachte ich unwirsch. »Sie fahren jetzt unverzüglich! Hier ist Ihr Marschbefehl. Ab mit Ihnen!«

Die sogenannte Fronterfahrung hatte ich natürlich noch nicht, aber ich wunderte mich über mich selbst, weil ich mich freute, meine Kameraden bald wiederzusehen. Es mag manchem kaum verständlich erscheinen, aber zwischen uns hatte sich ein Zusammengehörigkeitsgefühl entwickelt, das schwer zu beschreiben ist.

Fünf Tage und Nächte wurde ich von einer Frontleitstelle zur nächsten weiter dirigiert. Am Bahnhof einer kleineren Stadt, an deren Namen ich mich nicht mehr erinnern kann, erklärte ein Hauptmann der Feldgendarmen, die wegen ihrer vor der Brust hängenden Metallschilde gern als »Kettenhunde« bezeichnet wurden: »Von hier fahren alle zwölf Stunden Züge zur Front. Sie fahren heute Nacht um 3 Uhr weiter!«

»Jawoll, Herr Hauptmann!«

Ein Blick auf eine Uhr im Wartesaal zeigte mir, dass dies schon in neun Stunden der Fall sein würde, und ich dachte, so müde, wie ich war, es wäre morgen Früh genug. Jetzt suchte ich erst einmal einen Platz zum Schlafen.

Gedacht, getan. Langsam schlenderte ich durch die Straße, die in den Ort hinein führte, blieb vor einer Bäckerei stehen und betrat den nach frisch gebackenem Brot riechenden Laden. Dabei begutachtete ich die Brote und frischen Semmeln (ach ja, hier heißen die ja Brötchen) im Regal zu meiner Rechten. »Suchen Sie etwas Bestimmtes?«, fragte mich eine junge, hübsche Verkäuferin hinter der Theke.«

»Zwei dieser so knusprig aussehenden Brötchen hätte ich zwar gern, habe aber keine Brotmarken.« Brot war so wie fast alle Lebensmittel rationiert, und man musste beim Einkauf Marken abgeben, die von den Verkäufern eingeklebt werden mussten. Kontrolle war doch alles.

»Für unsere Soldaten geht das auch mal ohne, und diese drei Stück werden nicht auffallen. Darf's sonst noch was sein?«

»Eigentlich suche ich einen Schlafplatz für die kommende Nacht.«

Die Frau lachte und meinte leicht errötend: »Das Bett unseres Gesellen steht leer. Er ist an der Westfront, und ich muss ihn ersetzen. In seiner Kammer können Sie gern schlafen, wenn unser alter Meister nichts dagegen einzuwenden hat.«

Da der alte Meister nichts einzuwenden hatte, schlief ich in dieser Nacht nicht nur sehr fest, sondern auch angenehm, versäumte natürlich den Fronturlauberzug um 3.00 Uhr und saß gegen 15.00 Uhr wieder im Wartesaal des Bahnhofs. Als ich den Hauptmann vom Vortag in Begleitung zweier »Kettenhunde« sah, wollte ich mich hinter dem breiten Rücken meines Nachbarn unsichtbar machen, aber schon hatte er mich erspäht, trat zielstrebig auf mich zu und begann zu brüllen: »Sind Sie wahnsinnig geworden? Sie sollten schon seit heute Früh nicht mehr hier sein! Das wird Folgen für Sie haben!«

Stramm und schweigend vor dem erbosten »Kettenhund« stehend konnte ich sehen, wie der Herr Hauptmann auf einem Meldeblock zu schreiben begann. Ich fragte mich gerade, was das wohl werden würde, als er mir das beschriebene Blatt überreichte und dabei mit vor Zorn gerötetem Gesicht bemerkte: »Diese Meldung ist für Ihren Kompaniechef bestimmt. Der Zug fährt gleich ein. Sie können froh sein, dass Sie so glimpflich davonkommen! Ab mit Ihnen!«

Erst im fahrenden Zug konnte ich die Meldung lesen: »Hiermit bestrafe ich Sie mit drei Tagen verschärftem Arrest, weil Sie den vorgeschriebenen Zug um drei Uhr nicht benutzt und sich weiterhin zwölf Stunden hier aufgehalten haben. Gezeichnet: Hauptmann Krüger«

Es erübrigt sich wohl an dieser Stelle zu bemerken, dass diese Meldung ihren Adressaten nie erreichte.

Als ich am sechsten Tag der Anreise irgendwo auf freiem Feld vor einer Holzhütte den Ruf vernahm: »Endstation! Alle Mann raus!«, da war ich durchaus nicht mehr der Frischeste. Zunächst konnte ich auf der Ladefläche eines kleinen LKWs ungefähr 20 Kilometer weiter nach Osten fahren. Die letzten paar Kilometer saß ich neben dem Lenker eines kleinen Pferdewagens auf einem schmalen Holzbrett. Das kleine, struppige Beutepferd trabte munter dahin, und ich wurde gründlich durchgerüttelt. Der Kutscher war ein »Hiwi« (Hilfswilliger Ukrainer) in deutscher Uniform, aber ohne Hoheitsadler auf der linken Brustseite. Irgendein Bettnachbar in einem der Lazarette hatte mir erzählt, dass die Hiwis, diese armen Kerle, nichts mehr fürchten würden, als in russische Gefangenschaft zu gelangen.

Als unser Gefährt auf einem schmalen Feldweg vor einem kleinen Wäldchen anhielt, sprang ich mit steifen Gliedern zu Boden. Der ungefähr 30 Jahre alte, spindeldürre Kutscher beugte sich zu mir herab und erklärte mir: »Du müssen auf diese Anhöhe gehen. Immer gut auf Deckung achten. Russen sehr weit schießen. Hinter diese Wäldchen sein deine Kompanie in Graben. Später in Nacht bringen ich Essen zu euch.«

Er sprach's, wendete sein kleines Wägelchen fast auf dem Teller und trabte davon.

Etwa 15 Minuten später erreichte ich durch einen gut getarnten Laufgraben die vorderste Linie und sah zunächst noch kein bekanntes Gesicht. Leichter Abendnebel lag über dem Land, als ich neugierig über den Grabenrand spähend die uns an dieser Stelle etwa fünfhundert Meter entfernt gegenüberliegenden Russen sehen wollte. Ein mir noch unbekannter Landser zog mich sofort zurück und bemerkte mit vorwurfsvoller Stimme: »So jung und schon so lebensmüde! Die dort drüben knallen dich doch ab. Die haben gute Schützen. Immer schön mit dem Kopf unten bleiben. Auch dein Helm ist nicht kugelfest.«

Kopfschüttelnd stapfte er geduckt weiter durch den Schützengraben.

Einige meiner alten Kameraden erkannten mich an der Stimme, krochen aus ihren mit Ästen und Laubwerk überdachten Löchern innerhalb des Grabens und umringten mich. Während ich ihre Hände schüttelte, blickte ich in ihre vertrauten, bärtigen Gesichter. Dabei überraschte es mich, dass unser schweigsamer Wildschütz aus der Jachenau als Erster die Sprache wiederfand: »Da schau her! Unser Überlebenskünstler aus dem Lazarett hat uns wieder gefunden.«

Mit der Wiedersehensfreude war es jedoch schnell vorbei, als ich erfuhr, dass Josef Sillinger aus Augsburg, König aus Pfaffenhofen an der Ilm, und vor allem meine beiden Knastgenossen in Kroatien, nämlich Fritz und Max, gefallen waren.

»Hans, unseren Alten, unseren Hauptmann, hat's vor 14 Tagen auch erwischt. Der Chef unseres Resthaufens ist jetzt Leutnant Hartmann. Der ist ganz in Ordnung. Du kennst ihn ja noch aus Kroatien. Wenn du dich jetzt bei ihm meldest, wird er dich wahrscheinlich für heute Nacht mit einigen von uns zum Minenlegen einteilen. Die Russen wollen uns doch immer wieder von hier verjagen.«

So wie es mir prophezeit war, kam es dann auch. Zusammen mit fünf anderen kletterte ich bei Dunkelheit aus dem Graben. Unsere Soldbücher lagen im Kompaniegefechtsstand. Sollte einer von uns liegen bleiben oder in Gefangenschaft geraten, sollte der Feind nicht gleich seine Vergangenheit zu lesen bekommen.

Etwa 50 Meter vor den deutschen Gräben im sogenannten Niemandsland mussten wir zu unserem Schutz Minen legen, das heißt in der Erde vergraben. Mit unseren Kurzspaten gruben wir so lautlos wie möglich runde Löcher oder kleinere Gruben, so wie es die jeweilige Minenart erforderte.

»Mach bloß keinen Lärm!«, flüsterte mir der Jachenauer ins Ohr. »In unseren Erdlöchern dort hinten möchte ich mich schon wieder selbst in meine Decke wickeln können.«

»Er meint, dass die Russen sofort einen riesigen Feuerzauber veranstalten, sobald sie den geringsten Laut vernehmen«, flüsterte Hans Obermeier.

»Die Unsrigen werden über dieses Minenfeld kaum stürmen, sonst würden wir diesen Teppich hier nicht auslegen.«

»Schluss jetzt! Kein unnötiges Wort mehr. Die Russen könnten näher sein als wir glauben.« Unteroffizier Huber klang verärgert.

Von diesem Augenblick an kniete oder kauerte jeder von uns vor seiner Mine. Manchmal verbanden wir auch zwei Sprengköper mit einem Stolperdraht. Ein falscher Handgriff konnte tödlich sein.

Zunächst klopfte mir das Herz bis zum Hals, dann wurde ich ruhiger. Wir begannen links von unserem Ausgangspunkt und hatten schon einige Meter lückenlos vermint, als ich den ersten Schuss eines russischen Maschinengewehrs durch die neblig-trübe Dunkelheit schallen hörte. Schon lagen meine Kameraden dicht an die Erde geschmiegt. Nur ich zögerte und war der Letzte, der nun ebenfalls in voller Deckung lag. Wegen so einem bisschen Schießen gleich so einen Zirkus zu veranstalten, dachte ich. Prompt pfiff eine Geschossgarbe nur wenige Zentimeter über mich hinweg.

Wir lagen noch einige Minuten regungslos, ehe wir wieder zu arbeiten begannen. Zwei von uns versorgten uns immer wieder mit neuen Minen. Als wir nach mir sehr lang erscheinenden Stunden wieder in den Graben stiegen, ergriff Unteroffizier Huber meinen Arm und führte mich zum MG-Stand, der nur wenige Meter von unserer Einstiegsstelle entfernt war. Der Schütze kauerte hinter seinem schweren, auf einer festen Lafette montierten Maschinengewehr und jagte einen Gurt Patronen zu den Russen hinüber. »Der hat nur gewartet, bis wir wieder zurück sind. Zielen braucht er nicht, hat das Ding bei Tageslicht eingeschossen und festgeklemmt. Er kann eine ganze Strecke dort drüben mit seinem Segen bestreichen. Die drüben machen's nicht anders. Nur eins noch, Hans. Du musst so schnell in Deckung gehen, wie wir es getan haben, so wie gelernt.«

Er nickte mir freundlich zu und meinte abschließend: »Und nun wickle dich in deine Decke und schlafe so lang, wie sie uns lassen. Du kannst dich dort zu Jürgen legen. Er winkt doch schon herüber. Er ist zwar Berliner, aber dafür kann er nichts. Der Kerl ist übrigens schwer in Ordnung.«

Etwa 14 Tage lang lagen wir am Rand unseres Wäldchens bei Kiew. Die Russen versuchten mehrmals vergeblich, unsere Front zu durchbrechen. Wir hier vorn hatten zwar nur Granatwerfer und unsere Handfeuerwaffen, aber unsere Artillerie schoss sehr präzise, und die Russen holten sich jeweils blutige Köpfe. Wenn ich die Kameraden von der anderen Feldpostnummer in unserem Abwehrfeuer zu Boden sinken und gepanzerte Fahrzeuge in Flammen aufgehen sah, beobachtete, wie erdbraun uniformierte Gestalten zerrissen oder verstümmelt wurden und ihre anfangs lauten Hurrärufe immer schwächer wurden, fühlte ich Mitleid mit ihnen. Sie waren doch nicht älter als wir.

Beim zweiten oder dritten Angriff wunderte ich mich über mich selbst. Wie so viele vor mir gewöhnte ich mich an die Allgegenwart des Todes und das ständige Du oder ich. Nur manchmal in ruhigen Minuten fragte ich mich nach dem Sinn oder Unsinn dieses Geschehens, fand keine Antwort, wollte aber unbedingt versuchen, dieses unerklärliche, wahnsinnige Geschehen möglichst unbeschadet zu überleben. Die anfängliche Begeisterung, die ich noch im Wehrertüchtigungslager für das Soldatendasein empfunden hatte, war einer schwer zu beschreibenden Ernüchterung gewichen.

Zum Schutz unserer Stellung mussten wir jede Nacht aus dem Graben und im Niemandsland Minen legen. Auch das wurde mir zur Routine. Eines frühen Morgens wurden wir unsanft geweckt, soweit wir schlafen durften. Die Rote Armee schoss auf breiter Front aus allen Rohren von anscheinend zahllosen Kanonen. Wir kauerten in unseren Erdlöchern oder im Graben und warteten auf den Angriff der gegnerischen Infanterie. Aber nichts dergleichen geschah. Stattdessen hörte auch ich das Gerücht: »Der Iwan ist rechts und links von uns durchgebrochen.«

Wir bekamen Befehl, uns nach hinten abzusetzen. Dabei bewunderte ich unseren Chef, Leutnant Hartmann, der mit unvergleichlicher Ruhe seine Befehle erteilte und dadurch bewirkte, dass wir uns geordnet zurückzogen, ohne irgendwelche Ausrüstungsgegenstände oder Waffen zurückzulassen. Noch bevor es hell wurde, verließen wir unsere alte Stellung so lautlos, dass es der Feind nicht bemerkte. Er schien es auch nicht eilig zu haben, uns zu verfolgen. Einmal hörte ich unseren Leutnant zu Unteroffizier Huber rufen: »Die glauben wohl, dass wir für sie eine leichte Beute werden, wenn sie hinter uns den Sack zumachen!«

Hubers Antwort konnte ich nicht verstehen, bevor er uns anfeuerte: »Weiter geht's!«

Wir besetzten eine rückwärtig gelegene, notdürftig vorbereitete Auffangstellung, in der wir jedoch nur einige Stunden bleiben konnten, ohne in Gefahr zu geraten, vom Feind an beiden Seiten umfasst zu werden. Es ging Tag und Nacht zurück. Während der kurzen Marschpausen sanken wir erschöpft zu Boden. Viele schliefen sofort ein. Einmal lag unser Wildschütz aus der Jachenau neben mir und flüsterte: »Hans, Gefangenschaft? Zuvor jage ich mir lieber eine Kugel in den Kopf. Das geht schneller, als irgendwo in einem Gefangenenlager langsam zu verrecken.«

»Sieh' doch nicht so schwarz. Müssen wir eben schneller laufen, bis die Front wieder begradigt ist.«

Ob es am dritten oder vierten Rückzugstag war, vermag ich heute nicht mehr zu sagen. Plötzlich sah ich einen mir unbekannten Oberfeldwebel bei Leutnant Hartmann stehen. Die beiden unterhielten sich wie zwei alte Bekannte. Der Oberfeldwebel stand lässig an den Beifahrersitz seines DKW-Krads mit Beiwagen gelehnt, und sein Stahlhelm mit der darauf umgeschnallten Motorradbrille lag auf dem Fahrersattel. Sein hartes, kantiges Gesicht war mir zugewandt. Ich schätzte sein Alter auf etwa 30 Jahre. Einige Orden auf seinem Waffenrock ließen nur einen Schluss zu: Vor mir stand ein altes Frontschwein.

Plötzlich winkte mich Leutnant Hartmann zu sich. »Der Herr Oberfeld bat mich um einen großen, kräftigen Mann, um ihn bei einem Sonderauftrag zu unterstützen. Dieser Mann sind Sie! Die Kompanie bricht sofort in die nächste Stellung auf. Sie bleiben hier und bilden künftig mit ihm zusammen unsere Nachhut. Viel Glück, Fackler! Für uns alle.«

Der Rest der Kompanie marschierte los. Was heißt marschieren. Die müden Gestalten wankten mehr als sie gingen. Aber sie entschwanden meinen Blicken schneller, als mir lieb war.

Der Oberfeld musterte mich mit forschenden Blicken, bevor er mich ansprach. »Ich bin Hannes, und du?«

»Hans.«

»Gut. An uns sollen die Russen nicht vorbeikommen.«

Wahrscheinlich amüsierte er sich über mein verdutztes Gesicht, denn er grinste, bevor er erklärend hinzufügte: »Sei froh, dass du nicht mehr laufen musst, Hans. Wir fahren von jetzt an immer so rechtzeitig den anderen hinterher, dass uns die Russen höchstens hin und wieder von hinten sehen können. Sprit habe ich genügend. Den Rest sage ich dir früh genug. Ist doch mal was anderes für dich.«

Seit zwei Tagen hatte ich keine Zigarette mehr gesehen. Mein neuer Kamerad – er war wirklich einer – bemerkte meinen Blick, als er sich aus einer vollen Schachtel »Eckstein«, also Offizierszigaretten, eine herausklopfte. Er reichte mir die Schachtel. »Da, nimm. Ich habe genügend davon und gute Quellen.«

Gierig sog ich den Rauch in meine Lungen und schloss ein, zwei Sekunden lang meine Augen, weil mir etwas schwindlig wurde.

»Na, na, Junge, nun mach aber etwas langsam. Du sollst diesen Glimmstängel nicht fressen, nur rauchen. Wirst sehen, das beruhigt.«

Das hatte ich auch nötig, denn ich muss zugeben, dass ich mich mit Hannes allein auf weiter Flur sehr verloren fühlte. Nach außen hin gab ich mich aber so gelassen, wie es mein neuer Weggefährte zu sein schien.

Unversehens begann er von sich zu erzählen: »Bis Kriegsbeginn war ich Pferdepfleger auf dem Gut des Generals von Bonstein in der Nähe von Königsberg. Wollte einmal Gutsverwalter werden. Dann aber fiel denen etwas Besseres ein. Sie riefen mich zu ›Preußens Gloria‹. Nun ja, da bin ich jetzt noch, wie du siehst.« Er schwieg eine Weile, und dann murmelte er mehr zu sich selbst: »Sollten die Russen bei uns einfallen, dann gnade Gott unseren Frauen, Kindern, jedenfalls unseren Leuten!«

Danach straffte er sich und wurde wieder ganz der Alte. Seine unerschütterliche Ruhe übertrug sich unwillkürlich auf mich, und ich erzählte ihm vom RAD und auch von den Luftangriffen auf meine Heimatstadt. So vergingen mindestens drei, vier Stunden, bis ich plötzlich einen leicht angespannten Ausdruck im Gesicht meines Kameraden bemerkte. Nun hörte auch ich langsam nahende Motorengeräusche. Waren das schon die russischen Panzer? Bevor ich irgendetwas sagen konnte, deutete Hannes auf den Beiwagen seines Krads. Noch während ich mich hineinzwängte, trat er auf den Kickstarter und fuhr los. Er schien genau zu wissen, wo wir uns befanden. Denn ich hatte vor unseren Unterhaltungen gesehen, wie er eine Karte aus seiner Ledertasche genommen und minutenlang studiert hatte. Schreiend erklärte er: »Bis zum Dniestr sind's noch 15 Kilometer. Leutnant Hartmann und deine Kumpel bereiten die über den Fluss führende Brücke gerade liebevoll für den Empfang des Feindes vor.«

Ich blickte ihn fragend an, denn er grinste auf die mir inzwischen bekannte Art, bevor er hinzufügte: »Na, na, Hans. Schwimmen haben Stalins eiserne Kolosse noch nicht gelernt. Die Brücke wird gesprengt. Und das machen wir beide.«

Der mir erst seit einigen Stunden bekannte verhinderte Gutsverwalter jagte unsere Maschine auf der fast schnurgeraden Piste westwärts. Es dauerte kaum eine Viertelstunde, als wir schon über die Brücke donnerten, wobei ich nach unten in die träge dahinfließenden Wasser starrte. Am Westufer angelangt, hielt Hannes an. »Bleib mal kurz sitzen!«, befahl er knapp, stieg ab und lief etwa fünfzig Meter weit zu einem Gebüsch am höher gelegenen Ufer links der Straße. Schon nach wenigen Minuten kam er zurück und rief mir zu: »Alles bestens. Deine Kameraden haben alles prima präpariert. Wir können alles sehen, ohne selbst gesehen zu werden, und später nach hinten abhauen. Unter dieser Brücke liegen einige nette Knallkörper. Das Feuerwerk, das wir veranstalten können, wird den Russen kaum gefallen.«

Dazu konnte ich nur nicken und wunderte mich dabei, wie rasch die forsche Art dieses mir erst seit kurzer Zeit bekannten Oberfeldwebels mich anzustecken schien. Er schwang sich auf den Fahrersattel und fuhr langsam an dem zuvor besichtigten Gebüsch vorbei auf den Waldrand zu, in den die Straße einmündete. Er erhob sich auf den Fußrastern und blickte zurück: »Hans! Das hier ist wie für uns geschaffen. Hierher können wir laufen, ohne dass die Brüder am anderen Ufer uns sehen können.«

Als ich aus dem Beiwagen kletterte, meinte er: »Deine Knarre kannst du hier lassen. Behindert dich nur. Aber hilf mir! Wir legen Äste über unsere Nobelkarosse, damit sie die Russen auch von oben nicht sehen können, falls sie einen Aufklärer hier vorbeischicken sollten.«

Während wir in dem vorbereiteten Erdloch warteten, erklärte mir der Ostpreuße: »So schnell werden die kaum hier ankommen. Hartmann hat an zwei Stellen der Straße Panzerminen gelegt. Das wird sie länger aufhalten. Mit diesem Leutnant seid ihr gut bedient.«

Die Zeit verstrich jedenfalls für mich unendlich langsam. Neben mir saß der Oberfeld in unserem Erdloch, hatte vor sich einen quadratischen, von gerippten Metallwänden ummantelten Kasten auf dem Boden stehen, aus dem ein blinkender, runder Metallstab mit T-förmigem Ende nach oben herausragte. Sobald er diesen Griff dreht und nach unten drückt, fließt Strom aus einer Batterie durch das schon erwähnte Kabel und löst die Zünder der Sprengkörper aus. Wird das denn auch funktionieren? Dieser Gedanke beschäftigte mich immer wieder, während wir beide die schnurgerade Straße am gegenüberliegenden Ufer beobachteten.

Am frühen Nachmittag mochten etwa sechs lange, bange Stunden vergangen sein und ich wollte mir gerade eine Zigarette anstecken, als mein Nachbar seine Hand auf meinen Unterarm legte und mit dem Kinn wortlos nach vorne wies. Jetzt sah auch ich den ersten Panzer und dahinter einen nach dem anderen heranrollen. Es wurde mir mulmig, als ich dazwischen die russischen Infanteristen erkennen konnte. Die Angst stand mir wahrscheinlich ins Gesicht geschrieben. So viel Kampfkraft auf engstem Raum hatte ich noch nicht erlebt.

»Immer schön ruhig bleiben, Hans. Ich bin ja bei dir. Die können doch alle nicht schwimmen.« Die Stimme des neben mir Kauernden klang so ruhig, als ob er gemütlich in irgendeinem Wohnzimmersessel ruhen würde.

Als die ersten T 34 die Brückenauffahrt erreichten, konnten wir das Klirren und Knirschen ihrer Ketten und das Dröhnen der Motoren gut vernehmen. Aber was war denn das? Wie von einer Geisterstimme befohlen hielt die ganze Kolonne, und weiter hinten sah ich russische Infanterie rechts und links der Straße in Deckung gehen. Die Luke im zweiten Panzer wurde geöffnet und der von einer Lederhaube umhüllte Kopf eines Russen wurde sichtbar. Der Iwan hob ein Fernglas vor seine Augen und ich duckte mich unwillkürlich tiefer in unser Loch.

»Wir sind doch gut getarnt, Hans. Der kann uns nicht sehen. Hören erst recht nicht.«

Trotz dieser Feststellung glaubte ich, dass man meine aufgeregten Herzschläge hören könne.

»Hans! Jetzt ist's gleich so weit. Der Erste rollt wieder an. Schade, die anderen fahren nicht mit!« Die Stimme des Oberfeldwebels klang grimmig und irgendwie enttäuscht. Dabei beobachteten seine harten stahlblauen Augen das langsam auf der Brücke heranrollende Ungetüm. Als der Russe etwa die Brückenmitte erreichte, ging ein leichter Ruck durch den Körper meines Nachbarn. Er drehte den Griff vor sich, drückte ihn nach unten und rief: »Mit unseren besten Wünschen!«

Ich starrte wie gebannt auf das, was jetzt kommen musste. Ich hörte das ohrenbetäubende Dröhnen der Explosion, dann sah ich Brückenteile in einer braunen, einige Meter hohen Wasserfontäne wie einen riesigen Springbrunnen und glaubte meinen Augen nicht trauen zu können, als der schwere Panzer von der Wucht der Detonation etwa einen Meter hochgehoben wurde, um danach mit abwärts gerichtetem Kanonenrohr in den Fluten zu versinken.

»Los!«, brüllte der Oberfeld. Mehr brauchte er nicht zu sagen, und wir spurteten beide gleichzeitig los. Wir waren noch einige Meter von unserem Krad entfernt, als hinter uns Granaten unsere vorherige Stellung umpflügten und MG-Garben einige Meter über uns hinwegsurrten. Schnell rissen wir die Äste über unserem Fahrzeug wieder fort und fuhren los. Etwa 100 Meter hinter uns detonierten Granaten. Hannes blickte noch einmal rasch zurück und rief triumphierend: »Nein! Nein! Wir waren schneller!«

Nach einigen Kilometern war der Wald zu Ende. Wir fuhren durch Felder auf eine kleine Ortschaft zu, die der Oberfeld wahrscheinlich durchqueren wollte. Kein Mensch war zu sehen. Nur einige frei herumlaufende Schweine liefen vor uns über die Straße.

»Wollen wir von denen ein totes auf meinen Platz im Beiwagen setzen?«, rief ich zu Hannes hinauf.

»Nein! Die fressen doch Ratten! Sind voller Trichinen! Keine Zeit!«

Plötzlich stieg Hannes voll in die Bremsen. Wir standen vor einem deutschen Zeughaus, dessen Zufahrtstor weit geöffnet war und den Blick ins Innere gewährte.

»Was ist denn hier los?«, meinte er staunend, als wir beide im Hintergrund eines langen Ganges einen deutschen Zahlmeister sehen konnten. »Diese Heinis sind doch ansonsten diejenigen, die alles anzünden und als die Ersten abhauen! Egal. So viel Zeit muss sein. Komm! Wir schauen, was es hier zu holen gibt.«

Wir traten in die Halle. Rechts von uns waren bis hinauf zum nicht sehr hohen Wellblechdach in Holzregalen Uniformen, Unterwäsche und Waffen gestapelt. Aber auf der anderen Seite sah ich die bei der Wehrmacht üblichen Fleisch- oder Fischkonserven und füllte gerade meine leere Gasmaskenbüchse mit in kreisrunde Blechdosen verpackter sogenannter Fliegerschokolade. .Einige Zigarren, stopfte ich dazu, als der Zahlmeister mit stelzigen Schritten auf uns zuging und rief: »Hier wird nicht geplündert!«

»Halt's Maul!«, rief Hannes. »Du bist doch nicht ganz dicht. Willst du das alles den Russen überlassen? Leg endlich Feuer! Wir sind die letzten Deutschen. Hinter uns kommt innerhalb der nächsten Stunden der Feind! Die haben sehr bald eine Ersatzbrücke für die von uns gesprengte gebaut! Rechts und links von uns sind die Russen schon durchgebrochen! Mit dir diskutiere ich nicht lang und nehme, was ich brauchen kann!«

»Nein! Bei mir wird nicht geplündert! Wenn, dann nur über meine Leiche!«

»Das kannst du haben!«

Hannes riss seine 08-Pistole aus dem Halfter und schoss. Der an den Schläfen schon leicht ergraute Zahlmeister lag mit seiner Walter-Pistole in der Hand und einem kreisrunden Loch in der Stirn drei, vier Meter von uns entfernt auf dem Boden. Seine Offiziersmütze lag neben ihm. Ich war zutiefst betroffen und geschockt.

»Komm schon wieder zu dir, Hans. Diesem armen Irren habe ich nur einen Dienst erwiesen. Die Russen hätten ihn sicher langsam zu Tode gequält. Und jetzt komm schon. Wir müssen deinen Haufen so bald wie möglich erreichen.«

Was der Ostpreuße im Depot an sich nahm, habe ich nie erfahren. Es war mir auch völlig gleichgültig.

Nachdem er einige Handgranaten aus den Vorräten entnommen hatte, schleuderte er eine geballte Ladung in die hintere Hälfte der Halle, und diese begann nicht nur sofort zu brennen, sondern explodierte wegen der darin gelagerten Munition.

Während ich wegen des toten Zahlmeisters immer noch zutiefst beunruhigt war, schien meinen Kameraden dessen Tod nicht im Geringsten zu berühren, und er fuhr mit mir wieder los. Nur einmal hielt er an und studierte kurz die Karte.

Die Sonne stand bereits weit unten am westlichen Himmel, als ich mich bei Leutnant Hartmann zurückmeldete.

Hannes fuhr mit unbekanntem Ziel weiter, und einige meiner Kameraden hießen mich mit anerkennendem Schulterklopfen willkommen.

Drei oder auch vier Tage später lagerten wir am Vormittag in einer Bodensenke zwischen zwei Hügeln. Man munkelte, dass die Front inzwischen begradigt sei. Wir Landser erfuhren doch nie Genaueres. Ob Leutnant Hartmann besser informiert war, vermag ich nicht zu sagen. Jedenfalls erklärte er uns gerade, dass wir nach der Rast auf dem östlich von uns gelegenen Hügel Verteidigungsstellungen ausheben müssten, als so etwas wie ein Wunder geschah. 15 Mann Ersatz trafen ein. Es waren zwölf junge Burschen, frisch aus verschiedenen Kasernen, die zu uns befohlen waren, aber auch drei Alte, die aus dem Lazarett wieder zu uns zurückkamen.

Wir wollten gerade auf den Hügel hinaufgehen, um mit dem Schanzen zu beginnen, als ein Kübelwagen auf dem Feldweg heranrollte. Ein Oberst der Luftwaffe rief Leutnant Hartmann zu sich, überreichte diesem irgendeine schriftliche Order und ließ uns antreten: »Ab sofort bin ich hier der Kompaniechef. Wie sehen Sie denn aus? Keiner ist rasiert! Wir sind doch keine Räuberbande! Dieser Saustall muss ein anderer werden! Dafür werde ich sorgen. Übrigens hat von uns keiner etwas dort oben auf diesem Hügel zu suchen! Die neue Auffangstellung wird hier unten gebaut. Das hat seine Gründe! Wegtreten!«

Wir alten Krieger blickten uns verdutzt an. Beim Wegtreten schwirrten wieder einmal defätistische Bemerkungen von Mann zu Mann, die nicht für jedermann bestimmt waren:

»Der spinnt doch!«

»Wo haben sie denn den ausgelassen?«

»So einen wie diesen Lackaffen haben wir hier gerade noch gebraucht.«

»Hier unten werden wir doch Kanonenfutter, wenn die Russen von oben herabballern können! Als ob wir nicht schon genug Verluste hätten!«

Plötzlich peitschen hinter uns mehrere Schüsse. Wenige Meter von seinem Kübelwagen entfernt lag der tote Oberst. Außer uns stand plötzlich Leutnant Hartmann etwas ratlos neben dem Toten in seiner frisch gebügelten Uniform. Auf dessen Waffenrock erschienen an mehreren Stellen immer größer werdende Blutflecke.

Wider Erwarten fragte unser Leutnant mit keinem Wort, was geschehen war. Stattdessen rief er: »Alles hört wieder auf mein Kommando! Es bleibt so wie besprochen! Wir setzen uns dort oben fest.«

»Klar! Hier unten würden sie uns doch ausräuchern!«, rief eine dröhnende Bassstimme aus dem Hintergrund.«

»Schnauze! Keine weiteren Kommentare.«

Vom Hügel aus konnte man das Gelände ein gutes Stück ostwärts überblicken. Unsere Sicht wurde lediglich von einigen Häusern etwas beeinträchtigt, die in etwa 600 Metern Entfernung von unseren künftigen Gräben standen. Irgendwo dort drüben mussten die Russen sein, obwohl keiner zu sehen war. Vielleicht waren sie auch noch nicht so weit? Auch ich bekam einige Meter des künftigen Frontverlaufs zugewiesen und begann zu graben. Unsere künftige Verteidigungsstellung sollte nicht planlos entstehen, sondern mit einigen nach vorn getriebenen Spitzen versehen werden, die als MG-Nester vorgesehen waren.

Unteroffizier Huber grub zwar selbst mit, kam aber immer wieder vorbei: »Wird schon. Macht's schön gründlich. Wahrscheinlich werden wir länger hier wohnen.«

Einige Männer warfen hinter mir Balken auf den Boden. »Prima! Wo habt ihr denn die her?!«

»Aus dem zerdepperten Bauernhaus dort unten.«

»Das schlachten wir noch weiter aus.«

»Wir kommen gleich wieder.«

Am Mittag hatte ich schon einige Meter des Grabens ausgehoben, und mein Kreuz schmerzte ein wenig. Ich hatte einfach keine Lust mehr, hier weiterzuschuften.

»Du, Richard!«, rief ich zu meinem Nachbarn hinüber und deutete dabei auf die schon erwähnten Häuser vor uns. »Ist doch noch alles ruhig. Es kann doch keiner etwas dagegen haben, wenn wir uns die Gegend vor uns ein wenig genauer anschauen.«

»Das seh' ich genauso«, meinte der gemütliche Oberpfälzer und kaute weiter auf dem Mundstück seiner erkalteten Pfeife. »Aber dem Huber sag ich, wohin wir gehen wollen. Sozusagen als Spähtrupp.«

Minuten später gingen wir los. Wir hatten es nicht eilig und schlenderten langsam auf das erste Haus zu. Kurz bevor wir es erreichten, fiel mir mein Karabiner ein. Der lag hinten, ungefähr ein, zwei Meter neben dem von mir ausgehobenen Grabenstück. Aber ich war zu faul, ihn zu holen und rief: »Richard, ich hab meine Knarre vergessen.«

»Macht doch nichts. Meine reicht doch«, entgegnete er, ohne die Pfeife aus dem Mund zu nehmen. Wir bogen um die Hausecke, um zur Eingangstür zu gelangen, und blieben wie angewurzelt stehen. Zwei tote deutsche Landser lagen vor uns.

»Die Russen sind doch schon da«, murmelte Richard und nahm seinen Karabiner von der Schulter.

»Scheiße. Alles habe ich erwartet, aber das nicht. Diese Häuser schienen so friedlich zu sein.«

Vorsichtig und leise schlichen wir in dem kleinen Bauernhaus von Zimmer zu Zimmer, fanden aber keinerlei Hinweise darauf, dass jemand zuvor hier gewesen sein könnte. Im Nachbarhaus schien ein deutsches Zeughaus untergebracht gewesen zu sein. Alles war jedoch ausgeräumt. Nur einige nagelneue Karabiner lagen noch am Boden, von denen ich sofort einen an mich nahm und mit Patronen aus Richards Munitionsvorrat lud. Danach fühlte ich mich ein wenig wohler. Wir suchten nicht mehr weiter, sondern huschten zurück zum ersten Haus, stiegen zum Dachboden hinauf und spähten durch eine kleine, offen stehende Dachluke hinaus. Ungefähr 200 Meter von uns entfernt sahen wir erdbraune Gestalten. Und ob die Russen schon hier waren! Sie hatten gerade Wachablösung. Weiter hinten konnten wir abgestellte Pferdewagen und eine Anzahl erdbraun uniformierter Gestalten erkennen.

»Hier haben es sich diese Burschen gemütlich gemacht, ohne dass wir es gemerkt haben«, murmelte Richard leise vor sich hin.

»Richard! Das müssen wir melden.«

In diesem Augenblick schlug unter uns eine Granate ein. Wir stolperten nach unten, sahen durch den herumwirbelnden Kalkstaub hindurch ein großes Loch in der Wand, durch das wir ins Freie stürzten. Während wir zurückliefen, hörten wir hinter uns noch mehrere Granaten einschlagen und glaubten beide, dass es russische seien.

Als wir Huber unsere Entdeckung meldeten, meinte dieser: »Russische Ari? Das glaubt nur ihr zwei Waisenknaben. Die unseren schießen sich gerade ein. Haben anfangs dreimal zu kurz geschossen. Wegen dieser Heinis haben wir zwei Tote und drei Verletzte. So ein Blödsinn hat uns gerade noch gefehlt!« Er schien kurz zu überlegen, dann meinte er: »Muss noch mit Hartmann reden. Wahrscheinlich müssen wir die beiden Toten, die ihr gesehen habt, holen.«

Als wir beide zu unserem Grabenstück zurückkamen, rief ich überrascht: »Schau mal, Richard. Wo ich zuvor geschuftet habe, ist jetzt ein Granattrichter, und mein alter Karabiner liegt dort drüben in tausend Trümmern!«

»Dann hat sich unser Ausflug wenigstens gelohnt«, meinte er grinsend.

»Mensch, hab ich Glück gehabt!«

Wenig später kam Huber von Hartmann zurück: »Die beiden Toten dort drüben dürfen wir den Russen nicht überlassen. Hartmann will erfahren, welche Einheit dort oben getürmt ist. Ihr kennt das Gelände. Holt sie rüber!«

Etwa eine Stunde später fragte keiner von uns beiden, woher die kleine Handkarre stammte, mit der wir beide und weitere drei Mann die Toten holten. Dabei fühlten wir uns ziemlich sicher, weil uns das Haus Sichtschutz gegen die russischen Posten gewährte. Weit gefehlt! Die Kameraden von der anderen Feldpostnummer schliefen nicht. Obwohl wir uns sehr leise auf den Rückweg machten und sie uns nicht sehen konnten, schlugen ganz in unserer Nähe Granaten ein, und ihre Splitter surrten, während wir mit dem beladenen Handkarren nach hinten liefen.

Zu unserer Überraschung stand unser Spieß neben einer schon ausgehobenen Grube etwa hundert Meter hinter unseren Schützengräben. Er forderte von uns die Soldbücher der beiden toten Gebirgsjäger. Ihre Bergschuhe durften wir ihnen nicht mit ins Grab legen.

»Woher habt ihr denn das schöne helle Birkenholz?«, fragte ich Huber als er wenig später das Kreuz am Kopfende des kleinen Erdhügels in den Boden rammte.

»Aus dem Wald natürlich, du Armleuchter.«

»Hab dort nur dicke Stämme gesehen.«

»Klar! Aber oben sind sie dünner.«

»Bin trotzdem nicht scharf drauf«, meinte Richard, während uns kalter Oktoberwind um die Ohren wehte und vereinzelte Schneeflocken an uns vorbeiflogen.

»Mist. Das Wetter schlägt um. Das hat uns gerade noch gefehlt«, brummte Huber in seinen Stoppelbart und stapfte vor uns her zurück zu unseren teilweise schon mit Balken und Zweigen überdachten Erdlöchern.

Am folgenden Morgen schickte mich Hartmann als Ortskundigen zusammen mit einem alten und einem der frisch eingetroffenen Kameraden als Beobachter hinüber zur Dachluke im ersten der Häuser. »Sollte drüben irgendetwas Bedrohliches zu erkennen sein, erwarte ich umgehend Meldung.«

»Jawoll, Herr Leutnant!«

»Ab mit Ihnen! Und keine unnötigen Eskapaden!«

»Nein, Herr Leutnant.«

Wenig später saßen der Neue und ich vor der Dachluke als vorgeschobene Beobachter, während ich unter uns die leisen Schritte von Heinz Burger hören konnte. Den Rauch meiner Zigarette blies ich so zur Seite, dass er nicht durch die Luke entweichen und uns verraten konnte. Unser Frischling schien nervös zu sein, und ich wollte ihn ablenken.

»Wo kommst du denn her, Horst?«, fragte ich.

»Aus Potsdam.«

»Was? Und jetzt bist du mit uns zusammen hier im Mittelabschnitt der ersten Gebirgsdivision? Die Jäger bezeichnen sich scherzhaft schon selbst als Flachlandjäger.«

»Ich bin doch nicht freiwillig hier.«

»Kaum einer von uns.«

Heinz schleppte plötzlich ein altes Grammophon an. Der Holzkasten wies an der Seite eine Drehkurbel auf, mit der das Laufwerk im Inneren aufgezogen werden konnte, sobald eine oder mehrere Schallplatten auf dem weichen, Plattenteller abgelaufen waren. Der Schwenkarm mit der daran befestigten Schalldose samt Nadel, die in die Laufrinnen der Schallplatten eingelegt werden konnte, schien noch intakt zu sein.

Unter seinem anderen Arm schleppte Heinz einen Karton mit Schallplatten.

»Sind das russische Platten?«

»Nein! Hab' schon reingeschaut. Richard Tauber, Zar und Zimmermann und so weiter. Hat irgendeiner hier liegen gelassen.«

»Wo hast du denn das gefunden?«, fragte ich ihn.

»Lag alles dort drüben bei den Karabinern in einer Ecke.«

»Heinz, denk an Hartmann! Wir sollen uns doch keine Eskapaden leisten.«

»Schmarrn! Das binden wir doch dem nicht auf die Nase. Übrigens habe ich mir unten ein Paar gute Filzstiefel zurückgelegt. Diese bequemen, warmen Dinger habt ihr gestern übersehen. Bevor wir wieder zurückgehen, könntet ihr euch auch bedienen. Müsst sie aber anprobieren. Uns liefern sie nichts, und hier liegen sie rum. Das müssen wir auch den anderen sagen, dass wir hier so günstig unsere Ausrüstung aufbessern können. Wenn's kalt wird, sind wir froh über unsere neuen Latschen.«

»Menschenskind, Heinz! Ich hol' mir sofort auch ein Paar.«

»Warte noch einen Augenblick! Zuerst wollen wir uns und die dort drüben einmal ein wenig unterhalten?«

Noch bevor ich etwas dagegen einwenden konnte, erklang erschreckend laut die Melodie in der morgendlichen Stille: *Es steht ein Soldat am Wolgastrand, hält Wache für sein Vaterland ...* Angespannt starrte ich zu dem etwa 150 Meter entfernten Gebüsch neben der Straße in einem wahrscheinlich früher einmal gepflegteren Vorgarten eines Hauses hinüber, hinter dem ich das Erdloch des russischen Doppelpostens vermutete. Wie würden sie reagieren?

»Heinz! Wenn die uns jetzt ausräuchern, dann müssen wir schnell abhauen!«

»Egal. Dann sind wir eben wieder beim Haufen. Das hier schmeckt mir ohnehin nicht.«

Horst umklammerte seine Knarre sekundenlang so nervös, dass seine Fingerknöchel weiß hervortraten. Dann aber entspannte er sich, und wir lachten alle drei befreit. Drüben erschien zuerst eine winkende Hand, dann ein erdbraun uniformierter Arm und sehr kurz sogar ein lachendes Jungengesicht unter einem russischen Stahlhelm.

»Die Kuh scheint vom Eis zu sein.« Heinz grinste.

»Aber nur so lange, bis irgendein Vorgesetzter uns einen Strich durch die Rechnung macht.«

»Vorher kann sich aber noch jeder von uns mit Filzstiefeln versorgen.«

Acht Tage lang fühlte sich jeder von uns auf dem Dachboden einigermaßen sicher. Den Russen schien es ähnlich zu ergehen, denn wir konnten ungestört beobachten, wenn zehn, zwölf Mann in Erdlöchern verschwanden, ihre Doppelposten ablösten und die Abgelösten wieder abmarschierten. Auch in unserem inzwischen gut ausgebauten Grabensystem fühlte ich mich fast geborgen. Dann aber, beim Morgengrauen des neunten Tages, begannen plötzlich Motoren zu dröhnen. Russische Panzer und gepanzerte Fahrzeuge rollten auf uns zu. Dahinter lief laut »Urrä« rufend russische Infanterie. Das Abwehrfeuer, das der VB (Vorgeschobener Beobachteter der Artillerie) über Funk anforderte, zeigte nur kurze Zeit Wirkung und steckte nur einige der gepanzerten Fahrzeuge in Brand. Bei uns in den vordersten Gräben waren Granatwerfer die schwersten Waffen, die wir hatten.

»Mit diesen Dingern können wir bei denen nur anklopfen«, rief mir der neben mir im Graben kauernde Unteroffizier Huber ins Ohr und deutete dabei auf eine Kiste, in der sich drei Granaten für Granatwerfer befanden. Die Luft ringsumher war unversehens von höllischem Lärm erfüllt. Auch unsere MGs knatterten unaufhörlich und mähten die in Scharen anstürmenden russischen Infanteristen nieder wie Sensen. Einige Panzer aber überrollten uns und drehten sich dabei über unseren Gräben. Heute könnte ich nicht mehr angeben, wie viele von uns dabei erdrückt wurden. Horst, unseren Frischling, sah ich jedenfalls nie wieder.

Plötzlich lief Leutnant Hartmann im Graben von Mann zu Mann. Dabei gab er einige Male einen kurzen Feuerstoß aus seiner Maschinenpistole auf uns bedrohlich nahe gekommene Russen ab.

»Wir haben den Befehl zum Rückzug! Nehmt mit, was ihr tragen könnt. Irgendwo hat die Rote Armee die Hauptkampflinie durchbrochen!«

Schon war er meinen Blicken wieder entschwunden, und ich stellte erschrocken fest, dass ich nur mehr fünf Patronen für mein Gewehr hatte. Huber nahm das Rohr eines Granatwerfers an sich, während ich die Kiste mit drei Granaten aufhob und aus den Augenwinkeln sehen konnte, dass unser Wildschütze die Lafette schulterte. So sprangen wir alle drei fast gleichzeitig aus dem Graben und liefen in Zickzacksprüngen nach hinten. Ein, zwei Mal blieben wir stehen, und Huber grinste zufrieden, wenn er rechts oder links einige von uns laufen sah. Trotz der Kälte lief mir unter dem Stahlhelm der Schweiß übers Gesicht.

Wir traten aus einem lichten Wald heraus auf eine hart gefrorene, mit Raureif überzogene Wiese und standen plötzlich einem deutschen Sturmgeschütz gegenüber. Es mochten ungefähr 50 oder 60 Mann sein, die in kleineren Gruppen aufgeteilt rechts und links am Waldrand standen. Sie trugen durchwegs mir unbekannte, gesprenkelte Tarnanzüge, vermutlich aus imprägniertem Zeltstoff. Jeder war mit einem neuen Sturmgewehr 44 bewaffnet oder hatte eine Schmeißer-Maschinenpistole MP 40 vor der Brust baumeln.

Huber stand neben mir und brummte in seine Bartstoppeln: »Natürlich wieder die SS. Von so einer Bewaffnung kann unsereiner nicht einmal träumen.«

Er hob erst wieder den Kopf mit dem in den Nacken gerutschten Stahlhelm, als der Kommandeur der kleinen Kampftruppe vom Sturmgeschütz zu uns herabrief: »Euere Sammelstelle ist dort in diesem Gutshof. Ab mit euch!«

Langsam wankten wir mehr als wir gingen auf den bezeichneten polnischen Bauernhof zu. Huber schlich neben mir und meinte in grimmigem Tonfall: »Wenn wir und die Jäger auch so gut ausgerüstet wären wie die SS, dann könnten wir viel mehr leisten.«

»Klar!«, meinte Richard, der wie aus dem Boden gewachsen unvermutet neben uns ging. »Ich frage mich nur, warum das nicht so ist.«

»Das frage ich mich schon eine ganze Weile«, entgegnete ich, während Huber zornig irgendetwas Unverständliches vor sich hin brummte.

Hartmann, der Spieß und einige andere waren schon vor uns an der Sammelstelle eingetroffen, und so nach und nach trafen immer wieder kleinere Gruppen bei uns ein. Letztendlich aber stand es fest: Zehn Mann fehlten.

Von diesem Tag an ging es in verschieden großen Etappen immer weiter durch Polen zurück. Wir waren viel zu schwach, um die anstürmende Übermacht aufzuhalten, obwohl wir es in der geschilderten Art immer wieder versuchten. Nicht nur wir Pioniere, auch die Jäger, also die Infanterie, wurden bei den anhaltenden Abwehrkämpfen dezimiert. Dieser anscheinend unaufhaltsame Rückzug belastete nicht nur mein Gemüt. Trotzdem kämpften wir weiter, und Richard rief mir einmal zu: »Wir können die Russen doch nicht einfach zu uns hinein lassen.«

»Das will doch keiner, Richard. Aber sag mir, wie und womit wir das verhindern können?«

»Angeblich sollen Wunderwaffen, irgendwelche Raketen, in nächster Zeit zum Einsatz kommen. Das hat mir unser Spieß vor drei Tagen verzapft.«

»Hört mir mal zu!« Unser Wildschutz wurde wieder einmal gesprächig. »Es ist in wenigen Wochen Weihnachten, und bei uns hier glaubt ein alter Krieger tatsächlich noch ans Christkind. Das ist wirklich ein Wunder.«

Wir lachten zwar, aber es klang alles andere als heiter.

Uns bedrückte, dass wir der polnischen Westgrenze immer näher kamen, obwohl wir unermüdlich Minen legten und mit allen noch verfügbaren Mitteln fast schon stoisch versuchten, den Ansturm der Roten Armee zu stoppen. Dabei war es unvermeidlich, dass wir fast täglich weniger wurden. Der Boden war hart gefroren, und es wurde immer schwieriger, Gräber oder Gräben zu schaufeln. Immer seltener wurde »Menschenmaterial« nachgeliefert. Die neu zu uns stoßenden Pioniere waren zwar willig, manchmal sogar erschreckend einsatzbereit, aber nicht so gründlich ausgebildet, wie dies bei uns noch der Fall gewesen war. Manche von ihnen überlebten nur einen oder zwei Tage.

Für uns alle überraschend wurde unsere Einheit eines Tages von der Front abgezogen. Wir fuhren mit LKWs zurück in ein Ruhelager. Das hatten wir alle dringend nötig. Viele von uns, auch ich, schliefen während der nicht allzu langen Fahrt ein und erwachten erst, als wir bei unserem Tross eintrafen.

»Hier gibt's endlich wieder einmal warmes Essen!«, rief einer begeistert.

Richard bemerkt: »Mein Magen fühlt sich schon seit vier Tagen an wie ein leerer Eiskeller.«

»Fehlen euch die Granateinschläge auch so wie mir?«

»Blödmann! Sei froh, dass sie hier kaum noch zu hören sind!«

Nachdem wir heißhungrig Rindergulasch aus unseren Kochgeschirren gelöffelt hatten, führte uns einer vom Tross zu einem großen Zelt, in dem Feldbetten für uns bereit standen. Ohne auch nur eine Sekunde lang zu überlegen, warf ich mich auf die Zeltplane der mir am nächsten stehenden Liege. Kurz bevor ich in das Reich der Träume hinüberwechselte, hörte ich, wie Werner Kogler neben mir seufzte: »Hier könnte ich es wochenlang aushalten.«

»Klar! Hier müssen wir jedenfalls in der Nacht nicht immer wieder raus, um diese verdammten Minen zu streicheln«, entgegnete irgendwer.

»Das ferne Grummeln der Ari kann meinen gestressten Trommelfellen gestohlen bleiben.«

Nur zwei Tage lang konnten wir uns, unsere verschmutze Wäsche und die verschlissenen Uniformen waschen und wieder einigermaßen instand setzen. Dann lief die Nachricht wie ein Lauffeuer durch unser Lager: »Die Russen haben die Hauptkampflinie an mehreren Stellen durchbrochen. Es besteht die Gefahr, dass wir eingeschlossen werden. Deshalb müssen wir abhauen und weiter hinten eine angeblich schon vorbereitete Stellung beziehen. Den noch nicht vorhandenen Minengürtel vor den Gräben müssen natürlich wir wieder verlegen!«

Mehrere Laster hielten, und wir mussten mithelfen, den Tross zu verladen. Danach kletterten wir auf zwei der Ladeflächen. Mehr Platz war für unsere dezimierte Kompanie nicht erforderlich. Unsere LKWs wurden von sogenanntem Holzgas angetrieben. Diese Antriebsart hatten unsere Ingenieure der Not, das heißt dem ständigen Spritmangel, gehorchend erfunden. Hinter jeder Fahrerkabine ragten die Enden von schwarzen, zylinderförmigen Metallkesseln mit ungefähr 50 Zentimetern Durchmesser in den Himmel. Diese Kessel wurden durch einen oben angebrachten runden Deckel mit zerstückeltem Holz befüllt und wieder dicht verschlossen. Das Holz wurde durch ein unten angebrachtes Außentürchen angezündet. Der im Inneren der Kessel entstehende Schwelbrand erzeugte Holzgas, das durch kleine Metallrohre zum Motor geleitet wurde und diesen antrieb. Die Motorleistung war zwar geringer als bei Benzinbetrieb, aber wir fuhren.

Neben Richard lehnte ich mich an einen der mit Holzstücken befüllten Säcke hinter der Fahrerkabine. Als wir losfuhren, meinte er: »Hier vorn stehen wir wenigstens im Windschatten.«

»Ja, es ist doch schon ganz schön kalt geworden.«

»Das schon. Aber Frau Holle streikt und gönnt uns noch keinen Schnee, nur Raureif und Kälte.«

»Schnee oder nicht. Ist doch egal. Hauptsache, dass wir nicht eingekesselt werden. Russische Gefangenschaft? Das wäre das Letzte, was ich mir wünsche.«

Vor uns fuhr Leutnant Hartmann in einem Kübelwagen, den ihm ein im Erdkampf erfahrener Offizier der Luftwaffe überlassen hatte. Als wir die polnische Westgrenze überquerten und uns unversehens in Ostpreußen befanden, war es minutenlang still auf unserer Ladefläche. Dabei dachte ich auch kurz an den Oberfeldwebel, mit dem zusammen ich die Brücke gesprengt hatte, und glaubte seine Worte wieder zu hören: »Gnade Gott unseren Frauen und Kindern, jedenfalls unseren Leuten, wenn die Russen bei uns eindringen können.«

Irgendwo östlich von Tilsit richteten wir uns wieder einmal in einem Graben so häuslich wie möglich ein. Zusammen mit Unteroffizier Huber und vier anderen »wohnte« ich in einem überdachten Erdloch, von dem aus man das Grabensystem betreten konnte. Es begann zu schneien, und unsere Wohnung wurde unter einer 30 bis 40 Zentimeter hohen Schneedecke fast unsichtbar. Der

Schnee isolierte auch und schützte uns ein wenig vor der beißenden Kälte. Sogar mit drei aus rohen Rundbalken zusammengenagelten »Doppeldeckern« – Etagenbetten – war unser Unterstand ausgestattet.

Einmal sah ich unseren »Wildschütz« von seiner Liege aus zur Decke starren und hörte ihn leise fragen: »Ob wir noch hier sind, wenn es von dort oben einmal heruntertropft?« Keiner antwortete.

Die Front war ruhig, in einem trügerischen Winterschlaf erstarrt. Aber keiner konnte sich außerhalb des Grabens bewegen, denn drüben lauerten Scharfschützen.

Vor unseren Gräben schlängelte sich ein kleiner, etwa 15 bis 20 Meter breiter Fluss, dessen Namen ich vergessen habe. Das Tal war nicht bewaldet und trennte uns vom Feind auf der gegenüberliegenden Hügelkette. Wir hatten einen überdachten und jetzt zusätzlich vom Schnee getarnten Graben angelegt, der etwa 30 Meter lang zum Wasser hinunter führte. So konnten wir nachts Wasser holen und sparten uns das mühsame Schneeschmelzen auf kleinen Kanonenöfen, wenn wir Tee kochen wollten. Zu mehr reichte es nicht.

Diesmal war es Richard, der auf der roh gezimmerten Bank neben dem mit einer Decke verhängten Eingang saß und knurrte: »Hier könnte ich es eine Weile aushalten.«

»Da wüsste ich schon etwas Besseres!«, rief Konrad Holzner von seiner Pritsche herab.

In diesem Augenblick rief Unteroffizier Huber: »Hans! Du bist heute zum Essenholen eingeteilt. Der Hiwi mit seinem Pferdchen kann jeden Augenblick am Treffpunkt sein. Lass den Fraß nicht unnötig kalt werden. Hab' schon einen Riesenhunger.«

»Haben wir doch alle!«, rief unser Wildschütz.

Unter der dichten Wolkendecke war es gegen 16.00 Uhr schon dunkel. Ungesehen ging ich außerhalb des Grabens aufrecht auf einem kleinen Trampelpfad, den andere Essenholer vor mir schon ausgetreten hatten. Meine Hosenbeine steckten heute in Gummistiefeln und meine Füße waren mit Fußlappen umwickelt. Wie man diese Dinger fachgerecht wickelt, hatten wir schon beim Arbeitsdienst gelernt. Sie wärmten zwar, aber nun ging ich unwillkürlich schneller, weil ich fühlte, wie die Bodenkälte sich durch meine Stiefelsohlen fraß. Wenigstens die Luft war heute so lau, dass ich meinen Mantel neben meiner Knarre am Haken neben meiner Liege und den Filzstiefeln zurücklassen konnte.

Schon nach drei Minuten erreichte ich die Stelle, an der ich nach hinten durch ein lichtes Kiefernwäldchen zur Gulaschkanone abbiegen musste. Kurz bevor ich sie erreichte, kam mir Kurt Eisner vom Nachbarbunker entgegen, der beim Vorbeihasten so etwas wie «Immer der gleiche Saufraß» vor sich hin brummte.

Der Hiwi füllte undefinierbar riechenden Gemüseeintopf in meine Kochgeschirre, und ich stülpte jeweils zwei der schwenkbaren, rechteckig geformten Metallträger so über den Träger des mittleren, nierenförmigen Essgeschirrs, dass ich in jeder Hand drei tragen konnte. Zusätzlich trug ich in jeder Hand noch eine große Tüte mit einem Kommissbrot und kleinen Käsestücken. Dies war zwar als unser Frühstück gedacht, aber viele von uns aßen es sofort.

»Pfüat di, Giorgio!«, rief ich, bevor ich mit langen Schritten lostrabte und hinter mir noch hören konnte: »Wiedersehen, Hans!«

Sehr schnell erreichte ich unseren Graben und war etwa noch 50 Meter von der Stelle entfernt, an der ich wieder hineinspringen wollte. Doch im selben Augenblick hörte ich den Abschussknall eines russischen Granatwerfers. Wie üblich würde der ersten Granate eine ganze Serie folgen. Die Flugbahn dieser Granaten kannte ich natürlich: Zuerst schräg nach oben, dort ein kleiner Bogen und danach wieder erdwärts. Hans, das kann knapp bei dir einschlagen! Also volle Deckung! befahl ich mir selbst und sprang in den nächstbesten Graben. Zu meinem Pech schrammte ich dabei knapp am Donnerbalken vorbei und versank bis weit über die Knöchel in menschlichen, Gott sei Dank halbwegs gefrorenen Fäkalien.

»Scheiße!«, rief ich laut, hielt die Essensrationen hoch über meinem Kopf und turnte dabei wohl etwas ungelenk über den Sitzbalken der Latrine. Draußen, nur einige Meter von mir entfernt, war die Granate eingeschlagen. Glück im Unglück!

Der Abtritt war ein kurzes, erweitertes Grabenstück, das parallel zum Hauptgraben verlief. Diese Grube war tiefer, damit sie so viel Exkremente wie möglich aufnehmen konnte, bevor sie wieder zugeschaufelt wurde.

Laut schimpfend rief ich in die wieder eingetretene Stille hinein. »Ihr verdammten roten Arschlöcher! Hättet ihr euren Abendsegen nicht früher oder später herüber schicken können?«

Wenig später stellte ich wortlos die Kochgeschirre und die Tüten auf die kleine Bank neben dem Eingang unseres Erdbunkers.

»Hans! Du stinkst ja wie eine Klärgrube!«

»Hat dir der Hiwi heute Scheiße mitgegeben?«

»Womit haben die denn heute unser Abendmahl gewürzt?«

All dies hörte ich und rief erbost dazwischen: »Wenn ich nicht sofort gesprungen wäre, dann könntet ihr heute Abend mit dem Ofenrohr ins Gebirge schauen, weil es mich mitsamt eurem Fraß zerfetzt hätte! Habt ihr denn den Granatwerfereinschlag nicht gehört? Direkt neben der Latrine!«

»Doch, Hans! Aber wir haben dich noch viel weiter hinten vermutet.« Huber reichte mir eine Bürste. »Den Weg hinunter zu unserer Wasserquelle kennst du ja.«

Ich nickte nur, griff immer noch wütend nach der Bürste und ging hinaus. Als ich mit frisch gewaschenen Gummistiefeln wieder in unseren ›Bunker‹ zurück kam, meinte Richard trocken: »Schade, Hans! Dein frisch gekürtes Parfum würde ich gern dem Iwan hinüber schicken.«

»Nein, lieber unserem Generalstab!«

Langsam beruhigte ich mich wieder und löffelte mein inzwischen kalt gewordenes Abendessen aus dem Kochgeschirr.

Am nächsten Tag glaubte ich meinen Ohren nicht zu trauen. Huber kam von einer kurzen Unterredung mit Leutnant Hartmann zurück. Sein wütendes Gesicht ließ nichts Gutes ahnen, und er polterte auch gleich los: »Diesem Schütze, unserem Major, scheint es langweilig zu sein, denn er meinte: Die Front ist doch so ruhig. Wir brauchen unbedingt einige Gefangene, um endlich zu erfahren, was der Gegner im Schilde führt. Hartmann! Sie haben doch so gute Leute. Schicken Sie einige hinüber, um zwei, drei Russen und wenn möglich einen Offizier gefangen zu nehmen! Ihr Frontabschnitt und die kommende Nacht sind doch sehr geeignet dafür. Soll stockdunkel werden.«

»Spinnt der?«

»Wahrscheinlich!«

»Haben sie dem ins Hirn geschissen und das Umrühren vergessen?«

Unsere Empörung war nicht zu überhören, nur Huber blieb so gelassen wie immer. »Uns bleibt nichts anderes übrig. Wir müssen diesen Befehl ausführen. Hartmann und ich haben mit unseren Gläsern schon die Stelle ausgesucht, an der wir den Fluss am besten überqueren können.«

»Wie denn?«, rief Richard dazwischen.

»Ruhe! Sag ich dir gleich, denn du bist auch mit von der Partie. Wir bekommen ein Schlauchboot, das wir aber erst unten, ungefähr 150 Meter von unserem Wassergraben entfernt, also an der Stelle, an der wir übersetzen werden, aufpumpen können. In aufgepumptem Zustand können wir es nicht durch den Graben zum Fluss tragen. Bei unserer Rückkehr dürfen wir es notfalls zurücklassen. An dem von Hartmann und mir ausgesuchten Platz scheint es fast keine Strömung zu geben. Hans, du bist der dritte im Bunde und der Wildschütz der vierte. Und jetzt regt euch wieder ab. Versucht ein wenig zu schlafen, damit ihr heute Nacht frisch seid. Mir ist auch nicht sehr wohl bei dieser Sache.«

»Eine Runde Schafkopf ist beruhigender als schlafen«, meinte der Wildschütz und zog grinsend seine Karten aus der Gesäßtasche.

»Nein! Erst dann, wenn keiner von uns schlafen kann«, bestimmte Huber.

Gehorsam legte ich mich auf meine Pritsche und konnte wider Erwarten eine unbestimmte Zeit lang fest schlafen. Als ich erwachte, saßen Huber, der Wildschütz, Richard und Fritz Reich schon um die Bank herum auf dem Boden und spielten Karten. Fritz erhob sich und meinte zu mir: »Spiel für mich weiter. Ich muss mal auf den Donnerbalken.«

»›Fall‹ aber nicht rein!«, rief ihm Richard nach, und alle lachten.

Noch bevor er wieder zurückkam, stellten zwei Mann vom Nachbarbunker das zusammengefaltete Schlauchboot, zwei Paddel und eine große Handpumpe vor unseren Bunker und musterten uns mit schwer zu deutenden Blicken.

»Viel Glück, ihr vier!«

Unser Auftrag hatte sich also schon herumgesprochen. Einer der beiden meinte noch: »Bin heute Nacht an unserem MG-Stand eingeteilt. Die Kugelspritze ist schon arretiert. Sobald ihr wieder heroben seid, kann ich das gegenüberliegende Ufer bestreichen.«

»Na, dann kann uns ja nichts mehr passieren«, meinte der Wildschütz trocken.

Gegen 22.00 Uhr robbten wir so lautlos wie möglich vom Ausgang des Wassergrabens zu der Stelle, wo unsere Überfahrt stattfinden sollte. Im Nu war das Schlauchboot prall aufgepumpt. Hinten kniete Richard und ich vorn auf dem Boden. Vor uns lagen ungefähr 15 Meter dunkles Wasser, und trotz leichter Schneehelle war das gegenüberliegende Ufer kaum zu erkennen. Wir hatten abgesprochen, dass wir das Boot mit möglichst langen, kräftigen, aber leisen Paddelzügen hinüber treiben würden. Die anderen kauerten geduckt im Boot. Als wir drüben landeten, knirschte es unheimlich laut. Einige Minuten verhielten wir uns deshalb still und lauschten angestrengt in die Nacht.

»Dort oben in diesem Gebüsch soll ein Posten sein«, hörte ich Huber flüstern.

»Die unseren knallen doch schon ein paar Stunden, damit man uns nicht so hören soll.«

»Auf geht's!«, hörte ich Huber flüstern, und schon verschwanden die drei nur mit Pistolen bewaffneten schemenhaften Gestalten im Dunkeln schräg über mir. Ich sollte das Boot bewachen und hatte dazu einige Eierhandgranaten. Allein in der Nacht kann ich meine Gefühle nur schwer wiedergeben. Nach ungefähr einer halben Minute glaubte ich trotz des von den unsrigen in gewissen Zeitabständen immer wieder veranstalteten Geballers den Knall eines Pistolenschusses aus der Richtung zu vernehmen, in der die drei anderen verschwunden waren.

Eine Viertelstunde später wusste ich, dass der Posten hatte sterben müssen, bevor er Alarm schlagen konnte. Meine drei Kameraden kamen mit zwei Russen zurück, einem einfachen Soldaten und einem Unteroffizier. Die beiden hielten zwar die Hände über ihren Köpfen, weigerten sich aber, ins Schlauchboot zu steigen. Die in ihre Rücken gedrückten Läufe der 08-Pistolen von Huber und Richard überzeugten sie jedoch davon, dass jeder Widerstand zwecklos war.

Noch während wir wieder mit aller Kraft und diesmal nicht mehr so lautlos ruderten, flüsterte ich zu Huber zurück: »Wie war's?«

»Später! Wir mussten noch einen abknallen.«

Wir landeten zwar glücklich, aber bei den Russen schräg hinter und über uns wurde es unruhig. Allem Anschein nach hatten sie die beiden Toten bereits entdeckt. Huber und der Wildschütz trieben die beiden Gefangenen zu unserem Wassergraben, während Richard und ich uns beeilten, das Schlauchboot in den Fluss zurück zu stoßen, die beiden Paddel hinterher zu werfen und die Luftpumpe zu versenken.

Das befohlene Unternehmen hatte zwar nur ungefähr 20 Minuten gedauert, aber unsere Nerven sehr strapaziert. Jetzt aber fiel unsere innre Anspannung von uns ab wie eine Schneelawine von einem Steildach.

Als ich als Letzter in den Graben sprang, sah ich unseren Leutnant neben einem MG-Stand stehen und konnte Hubers Meldung mithören: »Wir überraschten zwei Mann und einen Offizier in ihrem Unterstand beim Waffenreinigen. Der Offizier wollte Alarm schlagen. Schlug ihm meine 08 ins Gesicht, musste ihn aber mit einem Kopfschuss erledigen. Er wollte keine Ruhe geben und hätte unsere Anwesenheit verraten! Dann aber hätten wir keine Chance mehr gehabt.«

In diesem Augenblick begannen die Russen, mit ihren MGs unsere Stellungen zu behämmern und uns mit Artillerie eine ganze Weile lang einzudecken, ohne größeren Schaden anzurichten.

Hartmann musste den Höllenlärm mit lauter Stimme übertönen: »Das war vorherzusehen! Gott sei Dank sind sie jetzt erst wach geworden! Schon gut, Huber.« Dazu machte Hartmann eine beruhigende Handbewegung. »Herr Major Schütze kann nicht erwarten, dass Sie ihm eine ganze russische Feldherrnhalle servieren. Wir nehmen die beiden Kerle mit.« Er nickte den beiden Gefreiten zu, die ihn begleiteten. Bevor er den beiden Gefangen und ihren Bewachern geduckt durch den Graben folgte, rief er zurück: »Huber! In Ihrem Wigwam steht übrigens eine Flasche Schnaps, und daneben liegen vier Schachteln Zigaretten. Habt ihr euch redlich verdient!«

»Danke, Herr Leutnant!«

Nur zögernd ließ das laute Trommelfeuer nach, und die Nervenanspannung der vergangenen Stunde wich endgültig einer ungeheuren Erleichterung. Bei mir verfehlte der ungewohnte Alkohol seine Wirkung nicht. Doch die Eckstein-Zigaretten, von denen wir Landser ansonsten kaum eine zu sehen bekamen, genoss ich im wahrsten Sinne des Wortes in vollen Zügen.

Gegen sieben Uhr morgens, es war noch dunkel, wurde Huber zu Hartmann nach hinten befohlen. Als er zurückkam, blickten wir ihn erwartungsvoll an. Er jedoch berichtete wortkarg wie immer: »Schütze war auch da. Er lobte zwar unseren Mut und Erfolg, bedauerte aber sehr, dass wir die Kartentasche dieses russischen Offiziers nicht mitbrachten. Er meinte, diese Tasche hätte sicher mehr Informationen enthalten als die beiden kleinen Würstchen, die Sie mitbringen konnten. Jetzt fehlt uns der Überraschungseffekt, den Sie und Ihre Männer noch hatten! Aber ich bin stolz auf Sie und froh, dass Sie und die anderen wieder heil zurückgekommen sind! Natürlich versuchte ich mich zu rechtfertigen: ›So viel Zeit, um diese Tasche mitzunehmen, hatten wir nicht, Herr Major. Die Russen konnten doch jeden Augenblick wach werden und uns erledigen oder gefangennehmen.‹ Er hat's dann auch eingesehen und gesagt: ›Das ist mir auch klar! Aber schade ist es trotzdem.‹«

»Dieser Chefstratege ist anscheinend nicht leicht zufriedenzustellen«, meinte Richard aufgebracht. »Aber denk dir nichts, Huber. Den siehst du so schnell nicht wieder. Der schläft doch nicht bei uns hier vorne.«

Am anderen Morgen gab's wieder einmal Frühstück, und ich sollte es für uns sechs Mann hinten abholen. Als ich aus unserem »Bunker« in den Graben hinaustrat, traute ich meinen Augen nicht. Das tägliche neblig-trübe Wetter hatte sich bei uns allen irgendwie aufs Gemüt geschlagen. Heute hingegen leuchtete die Sonne vom strahlend blauem Himmel. Keine Wolke war zu sehen.

»Was ist denn jetzt los? Will es wieder Frühling werden?«, murmelte ich vor mich hin und begann unwillkürlich leise vor mich hin zu pfeifen.

»Na, du langer Lulatsch, dieser unverhoffte Frühlingstag gefällt dir wohl auch?«, rief mir Max Pfeifer von seinem gut getarnten MG-Stand entgegen, und ich blieb bei ihm stehen, um mich kurz mit ihm zu unterhalten.

Dabei vergaß ich einen kurzen Augenblick lang meine Körpergröße, sodass mein Kopf über den Grabenrand hinausragte. Sogleich hörte ich ein schwirrendes Pfeifen an meinem linken Ohr und fühlte so etwas wie einen glühenden Nadelstich.

»Menschenskind, Hans! Die russischen Scharfschützen dort drüben warten doch bei diesem Wetter nur auf eine

Zielscheibe!«, rief Max vorwurfsvoll und erschrocken zugleich.

Danach verstummte er, denn er sah, wie ich am Boden kniete und mit einem meiner immer greifbaren Heftpflaster das Blut zu stillen versuchte, das an meinem Hals herabtropfte.

»Wart einen Augenblick, Hans. Ich helfe dir.«

Es gelang uns mit Mühe, die Wunde zu verbinden, die der Streifschuss verursacht hatte, und Max bemerkte dazu: »Kaum zu glauben, dass aus deinen kleinen Lauschern so viel Saft herauslaufen kann. Trotzdem, du hast unglaubliches Glück gehabt. Drei, vier Zentimeter weiter links, und du wärst zu den Englein hinaufgeschwebt. Hab' zu spät bemerkt, wie leichtsinnig du warst.«

Dazu konnte ich nur nicken. Ich stand vorsichtig auf und ging gebückt im Graben weiter bis zum getarnten Ausstieg zu unserer wartenden Gulaschkanone.

Nur einen Tag lang genossen wir den unerwarteten Sonnenschein, danach verhüllten wieder dichte, düstere Wolkenschleier und Nebelschwaden die ganze Gegend. Während dieser trüben Tage kam einmal Huber von hinten wieder zu uns zurück und erzählte grinsend: »Leutnant Hartmann hat uns vier für das EK 2 eingereicht und uns alle zur längst überfälligen Nahkampfspange vorgeschlagen, weil wir schon öfter das Weiße im Auge unserer Gegner gesehen haben, als für dieses Abzeichen erforderlich wäre.«

Wir reagierten so gleichgültig darauf wie Huber selbst. Dass der Antrag Hartmanns im Trubel der bevorstehender Ereignisse untergehen würde, konnten wir zum damaligen Zeitpunkt nicht ahnen.

Inzwischen war ich gegen Ende meines 17. Lebensjahres zum Gefreiten befördert worden, stellte aber erschrocken fest, dass von meiner früheren Siegeszuversicht nichts mehr geblieben war. Stattdessen fühlte ich eine maßlose Ernüchterung. Seit ich an der Front war, ging es nur zurück. Dass wir dabei immer schwächer wurden, konnte keinem von uns einfachen Frontsoldaten entgehen. Es fehlten zu viele von denen, die mit uns bei klingendem Spiel in Ingolstadt zum Bahnhof marschiert waren – von den unbedarften, frisch zu uns gestoßenen Neuen ganz abgesehen. Nur der uns eingedrillte Gehorsam und ein schwer zu erklärendes Pflichtgefühl, die Heimat gegen die eindringenden Russen verteidigen zu müssen, hielten mich aufrecht.

Meine Kameraden schienen ähnlich zu denken und zu fühlen, aber keiner wagte es, seine Gedanken frei zu äußern. Denn dies wäre Wehrkraftzersetzung gewesen. In unserer Kompanie war es zwar noch nicht vorgekommen, aber man munkelte auch bei uns, dass anderenorts nach kurzem Standgericht so mancher gehängt oder erschossen worden sei, der seine Gedanken nicht für sich behalten hatte. Andere waren wegen Feigheit vor dem Feind innerhalb von Minuten zum Tod verurteilt worden.

In unserem schmalen Frontabschnitt war das Gelände für Panzer und schwere Fahrzeuge ungeeignet. Die Angriffe der immer wieder gegen uns anrennenden Infanterie des Gegners konnten wir zwar abwehren, aber ich hörte es: »Im Norden von unseren Stellungen und auch südlich sollen die Russen durchgebrochen sein.«

»Ja, angeblich besteht die Gefahr, dass wir eingekesselt werden.«

»Russische Gefangenschaft? Hoffentlich vergessen die uns hier nicht!«

Solche und ähnliche Gerüchte schwirrten durch unsere Gräben. Dabei fiel mir auf, dass ich schon seit Tagen keinen Offizier mehr gesehen hatte.

»Aber wir können die Russen doch nicht weiter in unser Land lassen.«

»Nein, auf keinen Fall.«

Wieder einmal fragte ich mich, warum man uns kleine Landser immer im Ungewissen ließ. Weshalb erfuhren wir nicht, was in Wahrheit gespielt wurde? Warum mussten wir immer nur gehorchen?

Eines Abends Ende November oder Anfang Dezembers 1944 kam der Befehl zum Rückzug. Die meisten mussten lautlos ihre Sachen packen und nach hinten zum Tross, um dort beim Verladen mitzuhelfen. Huber, Richard, unser Wildschütz und ich sollten als Nachhut zurückbleiben und mit gelegentlichen Feuerstößen unseres Maschinengewehrs die Anwesenheit von Verteidigern vortäuschen.

»Sollten die beim Morgengrauen angreifen, dann sind wir im Arsch«, knurrte Richard halblaut vor sich hin.

»Trottel! Bis dahin sind wir doch längst weg.«

»Wenn das so weitergeht, steht der Endsieg kurz bevor.«

»Halt's Maul!«

Die Wolkendecke über uns wurde lichter, und jeder von uns starrte angespannt in die schemenhafte Landschaft vor unseren Gräben.

Gegen 22.00 Uhr sprang ein Melder zu uns in den Graben: »Auf geht's. Es ist so weit.«

Richard schulterte das MG, ich die Lafette mit meinen darunter gelegten Filzstiefeln. Nichts blieb zurück. Nur einige Tretminen mussten wir für die Russen zurücklassen.

»Unser Geschenk für die neuen Bewohner unseres Wigwams«, bemerkte Huber sarkastisch.

Fast lautlos huschten wir durch die Dunkelheit. Hinten warteten LKWs, natürlich wieder Holzgaser. Wir sprangen auf den letzten von ihnen, und schon fuhren wir. Die bisher dichte Wolkendecke über uns wurde immer dünner und wich einer mondhellen, kalten, aber schneelosen Nacht. Diesmal saß ich neben Huber auf einer Kiste mit unbekanntem Inhalt und starrte in die dämmerige Landschaft hinaus. Bald konnte ich dunkle Nadelwälder an den Ufern immer zahlreicher werdender größerer oder kleinerer Seen erkennen, und ich stellte fest, dass wir auf einer von uralten Eichen gesäumten Allee fuhren.

»Hier soll's Hügel geben, die fast 300 Meter hoch sind«, rief einer.

»Stimmt«, meinte Huber, und dann staunte ich, wie viel er von den Masuren mit ihren mehr als dreitausend Seen zu erzählen wusste. »Die bekanntesten von ihnen sind der Spinding-, der Löwentin- und der Mauersee.«

»Warst du denn schon einmal hier?«, fragte Richard neugierig.

»Ja, vor dem Krieg. Meine Tante hat hier einen Pferdepfleger auf einem hochherrschaftlichen Landgut geheiratet. Ihr könnt euch kaum vorstellen, wie schön es hier im Sommer ist.«

»Kaum«, knurrte der Wildschütz. »Jetzt aber haben wir Krieg, und ich glaub', dass die Luft hier nicht nur bitterkalt, sondern immer eisenhaltiger werden wird.«

Wir mochten ungefähr drei oder vier Stunden gefahren sein, als wir hinter überraschend gut ausgebauten Stellungen der Infanterie vor vorbereiteten Zelten steif und durchgefroren von den LKWs kletterten. Dabei schwirrten die verschiedensten Bemerkungen durch die frostklare Luft.

»Das ist ja einmal ganz was Neues. Wir wohnen hinter der Infanterie. Sonst ist's doch immer umgekehrt«, hörte ich einen hinter mir rufen.

»Unvorstellbar!«, rief ein anderer. »Das soll unser Major organisiert haben.«

»Das kann ich kaum glauben. Sollte Herr Schütze plötzlich sein sorgendes Herz für seine Leute entdeckt haben?«

»Kaum. Wahrscheinlich sollen wir munter und bei Laune bleiben, um die Seeufer verminen zu können.«

»Hast du es denn nicht gesehen? Der See ist schon von einer Eisschicht überzogen. Die wird bei dieser Saukälte rasch so dick sein, dass schwere Fahrzeuge drüber fahren können. Hoffentlich müssen wir zum Minenlegen nicht auf's Eis hinaus.«

»Blödmann! Dort wären wir doch die reinsten Zielscheiben.«

»Na klar. Aber wie üblich wieder vor der Infanterie.«

»Wie heißt denn dieser See dort überhaupt?«

»Keine Ahnung! Hab' aber gehört, dass dort am Nordufer die Ortschaft Lötsen liegen soll und die Front wieder begradigt ist. Am gegenüberliegenden Ufer, also östlich von uns, sollen die Russen schon sein.«

Diese und noch andere Bemerkungen gingen mir durch den Kopf, als auch ich unser von einem kleinen Kanonenofen nur leicht temperiertes Zelt betrat und staunte: Rechts und links eines schmalen Mittelgangs standen je zehn mit Zeltstoff überzogene, zusammenklappbare Feldbetten mit darauf gelegten Decken.

»So vornehm haben wir schon lange nicht mehr gewohnt«, entfuhr es mir unwillkürlich.

»Das schon«, entgegnete Richard mürrisch. »Aber welchen Haken die Sache dieses Mal hat, wüsste ich schon ganz gern.«

Die Antwort kam durch eine laute Stimme aus dem Hintergrund: »Huber hat den Auftrag, alle zwei Stunden die Tragfähigkeit des Eises zu prüfen und telefonisch nach hinten zu melden. Wahrscheinlich müssen wir künftig jede Nacht auf breiter Front auf dem See Minen im Eis vergraben.«

Einige Augenblicke lang herrschte ringsumher nachdenkliche Stille. Auch mir schwante nichts Gutes, aber als Huber am zweiten oder dritten Tag melden konnte, dass die Eisschicht auch schwerere Fahrzeuge tragen könne, staunten wir: Eine ganze Nacht hindurch zogen Pferde mit Mist beladene Wagen auf den See hinaus und bildeten dort einen langen, niedrigen Wall. Niemand zerbrach sich den Kopf darüber, woher die Pferdewagen mit ihren Ladungen kamen. Die Russen aber schienen die ungewöhnlichen Geräusche auf der weiten Eisfläche zu hören und bestrichen die gesamte Umgebung minutenlang mit ihren Granaten und rissen dabei zahlreiche, dunkel schimmernde Löcher in die Eisdecke, ohne größeren Schaden anzurichten.

Wir standen schweigend am Ufer und starrten in die dunkle Nacht hinaus. Inzwischen stand fest, dass wir voraussichtlich Nacht für Nacht dort draußen einen Minengürtel würden verlegen müssen. Wir wussten auch schon, wie wir das bewerkstelligen würden. Wir sollten mit Eispickeln kleine Löcher ins Eis schlagen und darin sogenannte Flaschenminen scharf machen. Gott sei Dank war das russisch besetzte Ufer weit von uns entfernt. Der Feind würde uns wahrscheinlich nicht hören. Trotz unserer heimlichen Angst wurde gelästert.

»Unser Major soll angeblich glauben, dass Mist wärmt und das Eis dadurch auftaut.«

»Du Witzbold! Von Landwirtschaft hat der doch keine Ahnung.«

»Diese Mistaktion hat aber einen Vorteil: Wenn dieser niedrige Wall hart gefroren ist, bietet er uns wenigstens ein wenig Deckung, wenn die Russen immer wieder ihre MG-Garben über die Eisfläche jagen.«

»Das ist wirklich trostreich. Jetzt ist mir wesentlich wohler.«

»Mir nicht. Denn wenn die Russen ihren Arisegen von den Stellungen dort hinten einmal hier heraus verlegen sollten, würden uns die Splitter durchsieben.«

»Jetzt macht euch nicht in die Hosen.« Hubers Stimme klang so ruhig, als säßen wir in einem Erdloch.

Schon in der folgenden Nacht mussten wir etwa hundert Meter vom Ufer entfernt Minen vor dem etwa einen Meter hohen und breiten steinhart gefrorenen Mistwall im Eis versenken. Wie fast immer arbeitete ich mit Huber, Richard und unserem Wildschützen zusammen. Auch die anderen waren altbewährte Arbeitsgruppen. In dieser Nacht pfiff ein eisiger Wind, trieb kleine Eiskristalle vor sich her, und dieser traf unsere Gesichter wie Nadelstiche. Nicht bei allen Handgriffen konnten wir Handschuhe tragen, und oft mussten wir versuchen, unsere gefühllos gewordenen Hände durch Reiben wieder zu erwärmen. Der stürmische Wind hatte aber auch einen Vorteil. Er übertönte die Geräusche, die beim Graben der Löcher unvermeidlich entstanden.

Dreimal während dieser Nacht waren wir vier an der Reihe, Minennachschub vom Lagerplatz am Ufer heranzuschaffen. Dieses Gehen und Tragen war eine willkommene Abwechslung, und wir konnten durch Armkreisen wieder Blut in unsere Fingerspitzen jagen, auch wenn dies anfangs schmerzte. Ohne die von uns organisierten Filzstiefel hätten wir uns unvermeidlich Erfrierungen an den Füßen zugezogen. Drei, vier Nächte lang schufteten wir wie die Irren, und unser Minengürtel war schon länger als der Mistwall.

Sogar unser Major soll sich lobend geäußert haben, denn wir hatten auch die nach ihm benannten, weil von ihm erdachten Minen im Eis versteckt. Bei diesen von uns »Schützeminen« genannen Sprengkörpern handelte es sich um kleine, mit einem Tretzünder versehene und mit

Sprengstoff befüllte Holzkästen, die demjenigen, der auf sie trat, das Bein abriss, ohne ihn zu töten.

»Das genügt schließlich auch«, knurrte Huber ärgerlich in sich hinein, als wir das erste dieser Dinger im Eis vergruben.

Auch am Heiligen Abend mussten wir auf den See hinaus. Die weite, inzwischen mit einer ungefähr 30 Zentimeter hohen Schneeschicht überzogene Ebene war trotz der leichten Wolkendecke schneehell. Sie erinnerte mich irgendwie an den Bodensee. Deshalb fragte ich Richard, der neben mir ging: »Kennst du die Ballade vom Reiter und dem Bodensee?«

»Klar. Hab' doch in der Schule nicht immer gefehlt. Leider haben die Russen bessere Nerven als dieser Reitersmann.«

Um auf diesem Präsentierteller nicht allzu sehr aufzufallen, trugen wir weiße Tarnhemden über unserer Uniform. Jedem von uns war eingeschärft worden, an diesem Tag besonders aufmerksam und wachsam zu sein, weil die Russen wussten, dass die Deutschen an diesem Abend gern feierten. Es wurde vermutet, dass sie angreifen würden. Wir durften deshalb an diesem Tag schon gegen 23.00 Uhr in unsere Zelte zurückkehren.

Auf dem Rückweg kamen wir an mehreren Doppelposten der Infanterie und an deren Unterständen und Gräben vorbei und freuten uns, dass wir in einem der Unterstände zu wärmenden Getränken eingeladen wurden. Nur wenige der Infanteristen waren älter als wir, aber auch ihre Gesichter wirkten hart und waren genau wie die unsrigen geprägt vom Kriegsalltag. An diesem Abend kam hinzu, dass sie beim Licht einiger Kerzen, die auf einem mageren Tannenbäumchen brannten, und beim Öffnen der Post mit den Gedanken an zu Hause noch ernster und nachdenklicher als sonst erschienen.

Obwohl es in dem beinahe häuslich eingerichteten Erdloch bei den Infanteristen wärmer war als draußen, wollten wir uns nicht lange dort aufhalten, denn auch von uns hoffte jeder, in seinem Zelt Post oder vielleicht sogar ein Päckchen vorzufinden.

Bevor ich als Letzter wieder in den Graben hinaus treten wollte, hielt mich ein älterer Unteroffizier am Ärmel fest: »Ihr habt doch draußen mehr sehen können als wir. Glaubt ihr, dass die Russen heute weiterhin Ruhe geben werden?«

Richard hatte die Frage auch gehört und antwortete an meiner Stelle: »Du weißt doch selbst, wie unberechenbar die Kerle sind. Vielleicht sparen sie heute ihre Granaten, vielleicht auch nicht. Holzauge, sei wachsam!«

In dieser Nacht durften wir zwar einige Stunden schlafen, waren aber gedrückter Stimmung und mit unseren Gedanken zu Hause. Bei mir kam hinzu, dass ich nicht schlafen konnte, weil ich seit einiger Zeit an Schmerzen im Unterleib litt, die beim Wasserlassen noch stärker wurden. In dieser Nacht waren sie quälender als sie es während der letzten drei Tage und Nächte auf dem Eis schon gewesen waren.

Am Morgen bemerkte Huber meine schlechte körperliche Verfassung: »Hans, ich beobachte dich schon länger. So kann das mit dir nicht weitergehen. Du gehst jetzt sofort zurück und meldest dich bei Hartmann. Der soll entscheiden, was mit dir geschieht.«

Eine knappe Viertelstunde später schrieb unser Kompaniechef für mich einen Marschbefehl ins Lazarett nach Allenstein und verabschiedete sich mit den Worten: »Fackler, ich weiß, dass Sie ein guter Soldat sind, wenn Sie gesund sind. Kommen Sie also baldmöglichst gesund zu uns zurück! Habe bei dieser Kälte auf dem Eis eigentlich mehr Ausfälle erwartet. Unser Major hat drei Tage Ruhe für unseren Haufen angeordnet, damit wir uns und unsere Geräte für neue Taten ein wenig überholen können.«

Nach einer kurzen Pause, während der ich stramm vor ihm stand, meinte er dann unvermittelt: »Sie wissen ja, wo der Zug außerhalb der Reichweite dieser verdammten Granaten hält. Hauen Sie schon ab!«

Die kurze erste Strecke konnte ich wieder einmal mit dem Pferdewagen unseres Hiwis fahren. Die fortwährenden Feuerüberfälle der russischen Artillerie waren wir beide gewöhnt, sie gehörten zu unserem Alltag. Nur wenn die Granaten näher bei uns einschlugen, zogen wir die Köpfe ein, lauschten angespannt auf das Pfeifen nachfolgender Geschosse und erhoben uns sprungbereit von der kleinen Sitzbank des Wägelchens. Das kleine, struppige Russenpferdchen hingegen trabte unbeirrt weiter.

Später ging ich, so rasch ich konnte, etwa zwei Stunden zu Fuß und bestieg den Zug wenige Minuten vor seiner Abfahrt. Außer mir saßen Männer mit teilweise blutdurchtränkten Verbänden oder notdürftig geschienten Armen oder Beinen im Waggon, und wir starrten schweigend hinaus in die langsam vorbeiziehende ostpreußische Landschaft, über die der scharfe Wind graue Wolken ostwärts trieb. In Ortelsburg musste ich umsteigen und erreichte gegen 14.00 Uhr Allenstein.

In dem in einer ehemaligen Schule untergebrachten Lazarett herrsche hektischer Betrieb. Ein junger, forsch auftretender Arzt mit blutbespritztem weißem Mantel untersuchte mich flüchtig und stellte danach fest: »Ach was! Sie haben nur eine durch die Kälte hervorgerufene Entzündung der Blase und der Harnwege. Es gibt Schlimmeres. Sie bekommen eine Spritze! Die hat bis jetzt noch jeden kuriert. Und dann sofort wieder ab mit Ihnen! Zurück an die Front!«

Was mir der junge Mediziner in die Vene jagte, weiß ich nicht. Mir war danach zwar etwas schwindlig, aber das Zeug schien tatsächlich zu wirken. Gegen 18.00 Uhr saß ich wieder im Zug, und obwohl mich schummriges Halbdunkel umgab, war es nicht schwer festzustellen, dass fast nur sogenannte »Frontschweine« mit mir fuhren. Viele waren vom sogenannten »Heldenklau«, also den überall hinter der Front herumgeisternden Militärstreifen aus Lazaretten oder Genesungskompanien herausgefiltert und wieder zurück an die Front beordert worden. Ringsum sah ich im Halbdunkel nur ernste, verhärmte Gesichter, und ich musste dagegen ankämpfen, von der allgemeinen tristen Stimmung angesteckt zu werden.

Wieder in Ortelsburg angelangt, hörte ich zu meiner Freude, dass der nächste Zug erst um drei Uhr, also mitten in der Nacht, abfahren würde. Nachdem ich fast keine Schmerzen mehr, dafür aber eine leichte Benommenheit verspürte, freute ich mich auf die wenigen Stunden im Kasino, einem gut beheizten Aufenthaltsraum für Soldaten. Der heiße Tee, den man mir in mein Kochgeschirr einschenkte, wärmte mich angenehm, und einige Scheiben Kommissbrot mit Kunsthonig erschienen mir wie eine Delikatesse.

Es war noch stockfinster, als ich auf freiem Feld aus dem Zug kletterte.Daher fiel es mir zunächst schwer, mich zu orientieren. Dann aber machte ich mich unverzüglich allein auf den Weg zurück zu meinem Haufen. Die anderen Soldaten gingen meist in kleineren Gruppen zu ihren Einheiten.

Das in Allenstein nur gedämpft vernehmbare Grummeln der Artillerie war hier wesentlich lauter und steigerte sich mit jedem zurückgelegten Kilometer zur einem bedrohlichen Getöse – zum vertrauten Frontalltag. Zwei- oder dreimal wurde ich zu voller Deckung gezwungen und musste mich blitzschnell zu Boden werfen, weil mir das Pfeifen der nahenden Granaten verriet, dass sie in meiner Nähe einschlagen würden. Die Front hatte mich wieder. Dabei konnte ich mir selbst nur schwer erklären, dass ich trotz der beständigen Bedrohung zurück zu meinen Kameraden wollte, mich ihnen zugehörig fühlte und mir ohne ihre Gegenwart wie verloren vorkam.

Es mochte gegen acht Uhr gewesen sein, als sich das erste Tageslicht durch die grauen Wolken quälte und leichtes Schneetreiben einsetzte.

An meinem Ziel angelangt, begrüßten mich von allen Seiten vertraute Stimmen: »Gut, dass du noch rechtzeitig gekommen bist!«

»Menschenskind, eine halbe Stunde später, und wir wären fort gewesen.«

»Die Russen sind schon wieder irgendwo durchgebrochen.«

»Die Infanterie ist schon abgehauen. Wir mussten nur noch dem Tross beim Verladen helfen.«

»Hartmann ist schon unterwegs.«

»Hans! Wir werden angeblich in die Gegend von Königsberg verlegt. Dort oben soll inzwischen der Teufel los sein.«

»Alles aufsitzen!«

Die Stimme von Feldwebel Moser war nicht zu überhören. Er drängte zur Eile. Auch ich kletterte rasch auf die Ladefläche eines zum Tross gehörenden Lastwagens und setzte mich zu Richard auf eine Kiste mit »Schützenminen«.

»Wie vornehm, diesmal fahren wir sogar mit Diesel«, stellte irgendeiner fest.

»Die Russen haben noch nicht mitbekommen, dass wir abreisen«, meinte unser Wildschütz, der zusammen mit Huber auf der benachbarten Kiste hockte.

»Wie kommst du denn darauf?«, fragte eine helle, dünne Stimme, die zu einem der immer seltener werdenden Ersatzmänner gehörte.

»Ist doch klar, Kleiner. Er lässt doch seinen ganzen Granatsegen hinter uns zerplatzen, nur sehr selten weiter hinten, also jetzt vor uns, und …«

»Wildschütz, gib schon Ruhe. Der Bub lernt es noch früh genug, wenn er Glück hat.« Hubers Stimme klang so ruhig wie immer.

»Wie viele sind wir eigentlich noch?«, fragte ich ihn.

»Weiß ich auch nicht genau. Gestern hat den Schuster Hubert ein Granatsplitter an der Schulter erwischt und den Krämer Heinrich am Bein. Sie sollen jetzt bei den Karbolmäuschen (Krankenschwestern) in Allenstein repariert werden. Mit dir sind wir wohl wieder 32.«

Ringsumher lag das Land unter einer 20 bis 30 Zentimeter dicken Schneedecke. Am späten Nachmittag wurde plötzlich »Absitzen« befohlen, während unsere Lkw mit unseren Minen und Geräten weiterfuhren.

»Alle mal herhören!«, rief Feldwebel Moser. »Diese paar Häuser und Gehöfte nennen sich Neuhausen und sind ein Vorort von Königsberg. Hier war irgendeine kriegswichtige Firma, und diese weite, freie Fläche dort bis zum Wald war oder ist eine Landebahn für Flugzeuge. Es ist niemand mehr hier. Wir haben den Auftrag, zwei Tage lang Vorposten zu spielen und weitere Befehle abzuwarten. Handfeuerwaffen und Munition haben wir genügend, aber keine Verpflegung. Hoffentlich finden wir in einem dieser Bauernhäuser etwas Essbares, bevor wir uns für die erste Nacht häuslich einrichten.«

»Wo stecken denn die Russen eigentlich?«, fragte eine dröhnende Bassstimme.

»Die melden sich noch früh genug bei dir!«, rief eine andere.

»Ruhe!«, brüllte Moser ärgerlich. »Nachts fahren die T 34 nicht. Aber für Überraschungen sind die Russen immer gut. Also alle zwei Stunden Doppelposten dort in dem Schuppen vor der Landebahn Richtung Osten. Vor allem diese freie Fläche bis zum Wald dort vorn müssen wir gut im Auge behalten. Für den Rest der Umgebung genügen zwei Doppelstreifen, die sofort eingeteilt werden. Wegtreten!«

Das zwanglos beisammen stehende Häuflein, das unsere Kompanie war, löste sich zögernd auf, und ich betrat neben Richard als erster Doppelposten den langen Schuppen vor der einstigen Landebahn. Wir hatten beide erwartet, einen leeren Flugzeughangar oder so etwas vorzufinden, und blieben überrascht stehen. Keiner von uns beiden hatte jemals zuvor so viele edle Pferde gesehen, wie sie hier drinnen rechts und links angekettet vor leeren Futtertrögen und Krippen standen. Wir zählten 20 Tiere. Fast alle der schmalen, hellbraunen Köpfe wandten sich uns zu, einige wieherten leise in unsere Richtung, und manche knabberten hungrig am Stroh ihrer Streu.

So eine Sauerei! Die hinteren Stellplätze waren leer. Die Leute mussten wahrscheinlich Hals über Kopf mit Pferdeschlitten abhauen, weil keiner mehr herumstand. »Wahrscheinlich sind die Russen doch schon näher, als man uns weismachen möchte!« Richards Stimme klang ungewöhnlich aufgeregt. »Ich frag Huber, ob Sepp und Fritz hier eingreifen dürfen. Sind doch beide Bauernsöhne. Sie können die armen Viecher füttern und tränken.«

»Mach das!«, rief ich zu ihm zurück und ging auf dem Mittelgang zum Ende des halb leeren Pferdestalls, der mir angenehm warm erschien. Vorsichtig öffnete ich das Schiebetor einen kleinen Spalt und starrte hinaus zu der langen, schneehellen Fläche, die uns gegenüber als Landebahn bezeichnet worden war. Nichts regte sich am entfernten

Waldrand. Alles ruhig, dachte ich, als ich aus einer mit einer Holzblende abgetrennten Ecke des Stalles neben mir leises Wiehern vernahm. Sind dort etwa auch noch Pferde?, fragte ich mich und betrat den kleinen Verschlag.

Ein kräftiges Arbeitspferd stand angekettet in hoch aufgeschüttetem Stroh vor mir und wandte mir seine prallen Hinterbacken zu. Es blickte mit großen Augen zurück und wieherte leise, als wollte es mich dazu auffordern, es zu füttern und zu tränken. Jetzt erst stellte ich fest, dass die eiserne Futterraffel über seinem Kopf leer war, und bemerkte gleichzeitig den Wasserhahn seitlich neben seinem Standplatz in der Wand. Darunter befand sich ein umgestülpter Eimer. Ohne lange zu überlegen, füllte ich diesen mit Wasser und goss es in den Steintrog vor dem Tier. Gierig begann es das Wasser zu saufen, während ich bereits einen zweiten Eimer füllte.

Draußen im Stall wurde es inzwischen lebendig, denn ich hörte Sepp rufen: »Im Schuppen nebenan ist alles, was wir für die Pferde brauchen. So schöne, langbeinige Tiere hab' ich daheim noch nie gesehen. Übrigens kochen der Wildschütz und zwei andere in der Küche des Wohnhauses schon für uns alle. So viel, wie die im Wohnhaus des Anwesens gefunden haben, können wir niemals essen. Heute werden wir endlich wieder einmal richtig satt!«

»Sehr erfreulich!«, hörte ich Fritz antworten. »Besser, wir verspeisen diesen unverhofften Segen, bevor sich die Russen daran satt futtern.«

»Mal doch den Teufel nicht schon wieder an die Wand«, entgegnete Sepp.

Während ich dies hörte, tätschelte ich den Hals des Pferdes, strich ihm, so leicht ich konnte, über seine Nüstern und freute mich über sein zutrauliches Schnauben. Jetzt erst bemerkte ich den großen Haufen sauberen Strohs, der hinter dem Standplatz des Tieres aufgeschüttet lag. Zu den beiden als Pferdepfleger tätigen Kameraden rief ich hinüber: »Hier steht noch ein freundlicher Wallach. Vergesst bitte nicht, auch ihn zu füttern. Getränkt hab' ich ihn schon! Heute Nacht werde ich hier in dem Strohhaufen schlafen. Hier drin ist's wenigstens warm!«

»Ist gut, Hans. Wenn du wieder zur Wache eingeteilt werden solltest, wissen wir, wo wir dich finden.«

Als ich nach zwei Stunden neugierig in die geräumige Küche des Bauernhauses trat, krampfte sich mein Magen zusammen, und erst jetzt spürte ich so richtig, wie hungrig ich war. Staunend blickte ich auf den langen Tisch, der mit Tellern und Essbestecken gedeckt war. Heinz Weber, Schorsch Meindl und der Wildschütz standen mit roten Köpfen und umgebundenen blauen Schürzen am Küchenherd, in dem ein Holzfeuer brannte und den gesamten Raum angenehm wärmte.

»Wo habt ihr denn das aufgegabelt, und was bruzzelt ihr drei denn alles zusammen?«, fragte ich.

»Moser meint, wir könnten am besten von uns allen kochen, und hat uns dazu eingeteilt. Es gibt Schweinebraten, Kartoffelknödel und frischen Krautsalat.«

»Die anscheinend frisch geschlachtete Sau haben einige von uns im Nachbarhof gefunden. Frisch geschlachtet! Die Leute müssen alle in Panik hier abgehauen sein. Denn freiwillig haben sie das alles ganz sicher nicht zurückgelassen.«

Sechs Mann saßen wartend wie Kinder vor der weihnachtlichen Bescherung am Tisch, und Emil Gschwandtner rief mir zu: »Hans! Du gehst gleich nach dem Essen mit mir auf Doppelstreife, kannst deshalb mit der ersten Gruppe essen und darfst danach durchschlafen.«

»In keinem der anderen Gutshöfe stehen noch Pferde. Wahrscheinlich sind die Bewohner mit Schlitten aufgebrochen!«, berichtete ein anderer.

»So sieht also unser viel gepriesener Endsieg aus«, knurrte Emil und erntete deshalb einen strafenden Blick von Huber.

»Emil, denk nicht immer so laut! Das kann gefährlich werden, wenn's einem Falschen zu Ohren kommt.«

»Gibt's doch bei uns nicht.«

Von 20.00 bis 22.00 Uhr stapften Emil und ich mit unseren Filzstiefeln fast lautlos durch den frisch gefallenen Schnee. Die Stille in den verlassenen Häusern wirkte auf uns unheimlich, fast gespenstisch, und Emil fragte leise: »Wo bleiben denn die Russen so lange? Kann kaum glauben, dass die langsamer gewesen sein sollen als wir. Wollen die uns denn wieder einmal verarschen?«

»Du weißt es doch auch. Nachts fahren sie mit ihren T 34 nicht oder nur selten.«

»Schon, aber die haben doch Infanterie wie Sand am Meer.«

»Eben!« Die Stimme Hubers klang ein wenig vorwurfsvoll, als er hinter einer Hausecke hervortrat. »Moser hat mich beauftragt, euch zu kontrollieren. Er selbst ist zu faul dazu. Liegt mit einigen anderen dort in diesem Bauernhaus im warmen Bettchen – aber in voller Montur und die Knarre im Arm. Er traut dem Frieden auch nicht. Haltet also Augen und Ohren offen! Dieser Ruhe kann man nicht trauen. Bis später.«

Nach unserer Ablösung unterhielt ich mich noch ein wenig mit den beiden Kameraden, die am Tor des Pferdestalls in die Nacht hinaus spähten. Dabei blickte ich erstaunt auf das Fernglas, das vor der Brust unseres Wildschützen hing.

»Wo hast du denn das gefunden?«

»Dort in dieser Villa. Der geschnitzte Waffenschrank war ansonsten leer. Du kannst gerne mal einen Blick durch dieses Jagdglas werfen. Es zeichnet selbst bei diesem fahlen Mondlicht so scharf, dass du dort vorne jeden Ast an den Randbäumen erkennen kannst. Da drüben am Waldrand ist bisher nicht einmal ein Hase gehoppelt. Diese Stille ist unheimlich.«

»Schon, aber ich bin müde. Gleich hier um die Ecke werde ich bei meinem Ackergaul im Stroh schlafen. Macht's gut, ihr zwei!«

Angenehm satt räkelte ich mich auf dem Stroh und schlief sofort ein. Wie lange ich geschlafen hatte, wusste ich nicht. Aber plötzlich weckte mich Hufgeklapper direkt neben mir auf dem gepflasterten Stallboden, und als ich mich erheben wollte, fühlte ich die warmen, feuchten Nüstern meines vierbeinigen Schlafgefährten im Gesicht. Irgendwie war es dem Pferd gelungen, seine Kette zu lösen, und es stand nun in seiner ganzen Größe über mir. Seine kräftigen Vorderbeine ragten wie Säulen direkt vor meinem Gesicht auf.

Am Tor standen inzwischen zwei andere Wache. Sie hatten die klappernden Huftritte auch gehört, blickten zu mir herein, und Heiner Drexler fragte leise ins Halbdunkel hinein: »Wollte dieser vierbeinige Bulldog dich etwa niedertrampeln?«

Heinz Weber, Sohn eines Landwirts im Alpenvorland, entgegnete vorwurfsvoll: »Ach du Waisenknabe! Das macht kein Pferd. Wenn sich Pferde verstellen, machen sie sich immer schlechter, als sie sind. Das weiß ich von meinem Vater. Bei Frauen soll das genaue Gegenteil der Fall sein.«

»Was weißt denn du schon von Frauen!«

»Hans! Kette dieses Vieh wieder an! Sicher ist sicher.«

Es erstaunte mich, wie willig der Wallach mir folgte, als ich seine Mähne ergriff und ihn an seinen Standplatz zurückführte, wo er sich ohne Schwierigkeiten anketten ließ. Nach einer kurzen Katzenwäsche am Wasserhahn schlief ich wieder ein und träumte von trabenden Pferden auf grünen, hügeligen Wiesen in einer sommerlichen Hügellandschaft mit eingebetteten Seen.

Der folgende Tag verging ohne besondere Vorkommnisse. Kurz vor dem angekündigten Mittagsmahl sah ich Hartmann bei Feldwebel Moser und Huber stehen, konnte aber nicht hören, was sie besprachen. Unser Wildschütz stand neben mir und bot mir eine Zigarette aus einer frisch angebrochenen Schachtel an.

»Wo hast du denn die her?«, fragte ich.

»Die lagen in einem Schreibtisch in der Nobelunterkunft, in der ich das Fernglas fand. Ich schau nachher nochmals hinüber. Vielleicht finde ich noch andere brauchbare Dinge.«

»Scheinbar müssen wir uns jetzt alles selbst besorgen.«

»Ja. Bisher war aber alles besser als der ausgebliebene Nachschub. Genauso stelle ich mir unseren Endsieg vor.«

Schweigend dachte ich an die mir immer ungewisser erscheinende Zukunft. Ob die Propagandasprüche über diese Wunderwaffen wohl zutrafen? Zweifelnd blies ich den Rauch meiner Zigarette in die klare Winterluft. Derartige Zweifel plagten mich in letzter Zeit immer öfter.

Nach dem gemeinsamen Essen verkündete Huber in seiner ruhigen Art, als wäre es die selbstverständlichste Sache der Welt: »Morgen früh sollen vier Tiger-Panzer zu uns kommen. Dort drüben im Wald soll es lebendig geworden sein. Wer diese Neuigkeit unserer Geschäftsleitung verklickert hat, ist mir schleierhaft. Wir haben doch nichts Ungewöhnliches bemerken können. Uns muss nur eines klar sein: So ruhig wie während der beiden letzten Tage wird's ganz gewiss nicht bleiben. Haltet also Augen und Ohren offen, damit wir nicht überrascht werden, bevor diese Panzer kommen, die uns angeblich beschützen können!«

»Hab noch nie einen dieser angeblich so guten Panzer gesehen!«, rief Richard in die Runde.

»Na so was. Ich auch nicht. Dabei bin ich schon so lange an der zurückweichenden Front.«

»Diese Panzer sollen aber wirklich gut sein, viel besser als die russischen.«

»Richtig! Aber die haben eben mehr davon. Auch Infanterie. Das kann sogar dir nicht entgangen sein.«

Das Wortgeplänkel dauerte noch eine ganze Weile, doch dann ermahnte uns Huber: »Raus mit euch! Die nächste Gruppe will auch zum Futternapf.«

Mit gespannter Erwartung fieberten wir dem nächsten Morgen entgegen. Weil ich am 21. Januar meinen 18. Geburtstag hatte, weiß ich genau, dass am 23. Januar die vier Tiger tatsächlich vor unser Quartier rollten. Vom Turm des ersten Panzers sprang ein mit dem Ritterkreuz ausgezeichneter Hauptmann und rief unserem lässig ausgerichteten Haufen zu: »Wir dürfen keine Zeit verlieren! Die Russen müssen überrascht werden. Wir fahren jetzt sofort um die Hausecke, also in ihr Blickfeld, und zwar nebeneinander in einer Reihe im Abstand von 50 Metern. Ihr unterstützt den Angriff. Bleibt immer hinter uns in vier Gruppen von jeweils acht Mann« – er blickte unseren Feldwebel an und fragte: »32 sind es? Stimmt das?«

»Jawoll, Herr Hauptmann!«

»Gut! Bleibt immer schön hinter uns, dann seid ihr am besten geschützt. Nur russische Infanterie könnte gefährlich werden. Wir würden in einem solchen Fall mit unseren MGs mithelfen! Los geht's!«

Nicht ganz zufällig stand ich mit Huber und sechs anderen dicht hinter dem Tiger des Hauptmanns und fieberte diesem mir völlig neuen Kriegsgeschehen entgegen.

»Die anderen Panzerkommandanten sollen auch Offiziere mit Fronterfahrung sein«, meinte einer.

»Die T 34 sollen gegen diese panzerbrechenden Granaten keine Chance haben.«

»Hab gehört, dass diese Granaten teuer sein sollen und sparsam verwendet werden müssen.«

Wir riefen aufgeregt so lange durcheinander, bis Hubers Stimme uns und den Motorlärm übertönte: »Macht euch doch nicht gleich in die Hosen! Dieser Hauptmann hat seinen Orden sicher nicht umsonst bekommen. Er hat uns doch gesagt, dass wir hinter den Tigern sicher sind!«

Huber wollte uns offensichtlich beruhigen, denn ich glaube kaum, dass nur ich sorgenvoll an die russische Infanterie dachte.

Unser Panzer ruckte an, drehte sich auf einer Kette nach rechts und fuhr langsam auf der rechten Seite des freien Feldes auf die mittlere Hälfte zu, während die drei anderen mit dröhnenden Motoren hinter uns ihre vorgesehenen Positionen einnahmen. Während unser Tiger sich drehte, konnte ich mit einem Seitenblick erkennen, dass aus dem Wald vor uns ein gewaltiges Rudel T 34 hervorbrach und uns entgegenrollte.

»So viele?«, rief ich. »Die können doch vier Tiger nicht aufhalten!«

»Die scheinen auf uns gewartet zu haben!«, rief unser Wildschütz mit schriller Stimme. »Sollen wir heute unter Panzerketten zermanscht werden?«

»Gebt endlich Ruhe!«, brüllte Huber deutlich lauter als sonst.

Der erste Schuss krachte aus dem Rohr unseres Tigers, und auch die drei anderen begannen zu schießen. Deutlich hörte ich vier Detonationen und schielte hinter dem Panzer nach vorn. Vier dunkle Rauchwolken stiegen über vier brennenden Russenpanzern auf, und unser Wildschütz rief von der anderen Seite mit vor Aufregung heiserer Stimme: »Vier weniger! Aber es kommen immer mehr!«

Wir waren alle hochgradig erregt. »Die T 34 schießen auch mit MGs!«, rief Richard.

»Ist doch klar! Bleibt hinter dem Tiger!«, befahl Huber, als unser Panzer wieder einige Meter vorwärts fuhr und schoss. Wieder explodierte etwa 200 Meter vor uns ein T 34. Wir konnten aber auch hören, wie auf den stählernen Frontplatten unseres Tigers russische Panzergranaten einschlugen. Offensichtlich konnten sie keinen Schaden anrichten, denn unser Panzer feuerte wieder und wieder, und auch die drei anderen schienen so kurz wie möglich hintereinander zu feuern. Wir konnten es kaum glauben. Jeder Schuss ein Treffer! Aber auch die russischen Richtschützen schienen sich eingeschossen zu haben. Denn die Explosionen ihrer Panzergranaten auf den Frontplatten der Tiger schienen immer häufiger zu werden. Innerhalb kurzer Zeit steigerten sich der Motorenlärm und die Explosionen zu einem lauten Inferno, wie ich es noch nie gehört hatte.

»Deutsche Wertarbeit!«, brüllte mir Heinz Weber ins Ohr und konnte den Lärm kaum übertönen.

»Wenn ich mich nicht verzählt habe, dann brennen bis jetzt schon 15.«

»Hast du nicht! Zählte auch so viele! Die trauen sich auch nicht mehr näher an uns heran. Ballern wie die Irren, ohne etwas auszurichten!«

»Gott sei Dank kommt keine Infanterie!«

»Das, was heute hier geschieht, ist mal etwas anderes!«

»Wir haben auch nie Tiger gesehen, nur manchmal von ihnen gehört!«

Wir kauerten hinter dem Panzer mit unseren schussbereiten Karabinern in der Hocke, atmeten den Gestank der Auspuffgase, zählten jubelnd immer wieder die Treffer und lauschten dennoch gespannt auf das gefürchtete »Urrää« stürmender russischer Infanterie, wie es jeder von uns schon so oft vernommen hatte. Aber nichts dergleichen geschah.

Wir hielten uns dicht hinter den langsam vorwärts rollenden Tigern, die immer wieder schossen, trafen und dabei beständig langsam auf den Waldrand zurollten. Dabei konnte ich rechts und links die ausgebrannten oder teilweise noch brennenden T 34 sehen. Bei einigen von ihnen hingen halb verkohlte Leichen kopfabwärts aus den Turmluken, und ich fragte mich, wie alt die russischen Besatzungen wohl gewesen sein mochten. Dabei dachte ich auch einmal an ihre weinenden Mütter und schrak zusammen, als kaum 50 Meter schräg vor uns ein T 34 explodierte und in lodernden Flammen unter einer dunklen Rauchwolke liegen blieb.

Unsere Gesichter waren von den Abgasen der Tiger rußgeschwärzt. Aber wahrscheinlich empfand jeder von uns eine noch nie zuvor gekannte Genugtuung über diesen unerwarteten Erfolg.

Heute haben sich die Russen einmal gründlich verrechnet, dachte ich und versuchte die russischen Panzerwracks hinter uns zu zählen, was mir aber nicht so recht gelingen wollte.

Plötzlich vernahm ich über mir vom geöffneten Turmluk herab die Stimme des Ritterkreuzträgers: »Die Russen hauen ab und geben auf! 64 Abschüsse sind zu viel für sie! Wir folgen ihnen jetzt in den Wald hinein. Aber wegen Spritmangels nicht weit! Unsere kostbare Munition wird auch schon knapp. Immer schön hinter uns bleiben. Kann holprig werden! Auf feindliche Infanteristen rechts und links achten!«

Nach ungefähr 20 oder auch 30 zurückgelegten Metern durch die niedergewalzten Stämme des geschundenen Waldes riss kurz vor einer Waldlichtung dem Tiger neben uns eine Kette.

»Damit ist unser Vormarsch wahrscheinlich beendet«, knurrte Huber in seine rußigen Bartstoppeln. »Wäre auch zu schön gewesen.«

»Geben Sie uns Feuerschutz! Wir müssen unseren Tiger abschleppen!«

»Feuerschutz vor wem denn?«, fragte Richard. »Wir beide können ja so tun als ob und diesen Schuppen rechts vor uns näher betrachten. Komm mit Hans!«

»Geht aber nicht weiter als bis dorthin!«, hörten wir Huber hinter uns rufen und staunten dabei, wie rasch und geübt die Panzermänner den liegen gebliebenen Tiger mit Stahlseilen am Heckteil eines anderen festmachten.

Inzwischen standen wir vor dem Schuppen. Richard schob mit einer Hand das Schiebetor langsam zur Seite, und ich stand mit schussbereitem Karabiner neben ihm. Alles hatten wir erwartet, doch das was wir jetzt im Halbdunkeln sahen und hörten, ließ das Blut in unseren Adern erstarren. Junge Mädchen und Frauen aller Altersgruppen standen oder saßen auf dem kalten, festgestampften Boden des Schuppens. Als sie uns erkannten, riefen oder schrien sie durcheinander:

»Deutsche, Gott sei Dank keine Russen!«

»Habe ich Angst vor diesen Kerlen gehabt!«

»Sind die wirklich weg?«

»Wer hat euch denn hier versteckt?«, übertönte Richard den Lärm, während ich erschrocken schlucken musste.

Eine ältere Frau in Reithosen und braunen Stiefeln hob gebieterisch die Hand, verschaffte sich Gehör und erklärte uns: »Die Russen haben unseren Treck eingeholt! Alle Männer und Kinder mussten streng bewacht mit unseren Schlitten und Koffern wieder nach Osten fahren. Uns trieben sie hierher und drohten, uns zu erschießen, wenn auch nur eine versuchen sollte, zu entkommen. Bei diesem länger als zwei Stunden andauernden Dröhnen von Motoren und dem Gefechtslärm konnten wir nicht wissen, was draußen vor sich ging! Wir vermuteten russische Wachen vor der Tür.«

Eine Frau trat neben mich, ergriff meinen Arm und schrie mir ins Ohr, dass die Russen ihre beiden Kinder und ihren Schwiegervater nach Osten entführt hätten. Danach versagte ihre Stimme.

Inzwischen drängten immer mehr Frauen aus dem Schuppen heraus, und ich hörte den lauten Ruf des Panzerhauptmanns: »Wie viele sind es denn?«

»198«, hörte ich die besser gekleidete Frau neben mir rufen und wiederholte laut: »198 Frauen und Mädchen, Herr Hauptmann!«

»Führt sie zurück hinter das Haus, wo wir uns getroffen haben! Werde LKWs für ihren Abtransport anfordern!«

Erst jetzt bemerkte ich, dass alle Frauen und Mädchen mit Hosen bekleidet waren, die unter ihren Mänteln hervorlugten. Einige von ihnen waren zu schwach, um mit den jüngeren Schritt halten zu können. Aus diesem Grund legte auch ich den Arm einer etwa 70 Jahre alten Oma um meine Schultern. So begann sich unser armseliger Zug zwischen den abgeschossen T 34 hindurchzuschlängeln, zurück zu unserem Sammelpunkt.

Weil noch mehrere der Frauen schwach auf den Beinen waren, dauerte es etwas länger, bis wir unser Ziel erreichten. Dort hörte ich Richard, der eine schwangere junge Frau zurückgeführt hatte, laut rufen: »Ein Funkspruch dieses Ritterkreuzträgers scheint etwas zu gelten. Schaut! Dort kommen tatsächlich vier LKWs.«

Inzwischen war es früher Nachmittag geworden. Es dauerte nicht lange, dann saßen oder standen unsere Frauen und Mädchen auf den Ladeflächen der Lastwagen, die sogleich abfuhren.

Richard murmelte neben mir: »Gott sei Dank konnten wir sie vor einer Massenvergewaltigung bewahren.«

Unser Feldwebel aber rief, noch bevor die Laster unseren Blicken entschwanden: »Alle herhören! Wir haben den Auftrag, die Stellung hier zu halten und neue Befehle abzuwarten. Dabei ist erhöhte Aufmerksamkeit geboten! Die Russen sind zwar im Moment gewarnt, können aber jederzeit angreifen, weil inzwischen auch ihre Infanterie nachgekommen sein dürfte. Was noch von unserem Tross übrig ist, steht am Ostrand von Königsberg. Vermute, dass wir ihm bald folgen sollen. Huber!«

»Hier, Herr Feldwebel!«

»Wachen einteilen und die anderen zum Organisieren von Lebensmitteln ausschwärmen lassen!«

»Jawoll, Herr Feldwebel!«

Unser derzeitiger Kommandeur stapfte mit seinen Filzstiefeln durch den Schnee auf sein Quartier im benachbarten Bauernhaus zu. Diesmal war ich zusammen mit dem Obergefreiten Hans Reich zur ersten Wache am Schiebetor eingeteilt und besuchte zuvor meinen vierbeinigen Freund in seinem Verschlag. Der Wallach trat zwar immer noch aufgeregt von einem seiner kraftstrotzenden Beine auf das andere, begrüßte mich aber mit zufrieden klingendem Schnauben. Dabei fragte ich mich unwillkürlich, wie lange der trügerische Friede nach dem heute von uns allen unbeschadet überstandenen Gefecht halten würde.

Als ich zu Hans Reich zurückkehrte, meinte dieser nachdenklich: »Wenn die Tiger noch hier stehen würden, wäre mir wesentlich wohler.«

»Mir auch. Aber wie immer haben wir zu wenig von dieser Sorte. Wer weiß, wo die inzwischen wieder eingesetzt werden.«

Reich knurrte irgendetwas Unverständliches in seine dick gefütterte Tarnjacke und schlug die Hände in den dicken, außen mit festem Leinen überzogenen Handschuhen, von denen auch ich ein Paar besaß, zusammen. Dazu meinte er laut: »Hier pfeift überall ein rauer Wind.«

Vor dem wieder nur einen Spaltbreit geöffneten Schiebetor standen jetzt zwei Stühle, und ich setzte mich neben Reich. Wir starrten beide hinaus in die früh hereinbrechende Winternacht. Mein Nachbar war sechs Jahre älter als ich. Er trug den sogenannten »Gefrierfleischorden«, den Nachweis dafür, dass er schon während des berüchtigt kalten Winters 1941/42 an der Ostfront war. Auch das silberne Verwundetenabzeichen, die Nahkampfspange in Silber, das Sturmabzeichen, dazu das EK 1 und 2 riefen in mir eine gewisse Bewunderung für diesen Haudegen hervor. Im Augenblick beruhigte mich seine Gegenwart, und ich dachte: Hans, neben dem kann dir nicht viel passieren. Der wird immer durchkommen.

Von meinem derzeitigen Nebenmann wusste ich außerdem, dass er zu Haus im oberbayerischen Isen als Sohn eines Kleinlandwirts den Beruf des Maurers gelernt hatte, bevor er zu »Preußens Gloria« einberufen wurde. Während wir uns leise über belanglose Dinge unterhielten und hinter vorgehaltenen Händen mehrere Zigaretten rauchten, vergingen die zwei Stunden Wachdienst wie im Flug.

Am darauf folgenden Morgen ließ uns Moser antreten. Unser Haufen stand dabei längst nicht so schnurgerade ausgerichtet, wie es uns auf dem Kasernenhof eingedrillt worden war. Unseren Feldwebel schien dies aber nicht zu stören.

»Guten Morgen!«, rief er uns entgegen, und wir murmelten: »Guten Morgen, Herr Feldwebel.«

»Habe Befehl erhalten, pünktlich um elf Uhr von hier an den östlichen Stadtrand von Königsberg zurückzumarschieren. Leutnant Hartmann erwartet uns dort beim Rest unseres Trosses.«

Als ein leises Murmeln durch unsere gelichteten Reihen lief, erhob er seine Stimme: »Allen Wachen ist äußerste Vorsicht befohlen! Die erste Schicht kann jetzt gleich ihr Frühstück einnehmen! Hab' gehört, heute gibt's die letzten Reste von diesem Bauernbrot, Rühreier mit Schinken und dazu Bohnenkaffee, den unser Wildschütz gestern noch in dieser Villa gefunden hat! Wegtreten!«

Zusammen mit Huber, Moser und fünf anderen drängte auch ich in die herrlich nach Kaffee duftende Wohnküche hinein. Einer von uns rief zum Wildschütz am Ofen hinüber: »Menschenskind! Es ist jammerschade, dass es dich nur einmal gibt. Wo hast du denn die vielen Eier aufgegabelt?«

»Die waren noch nestwarm! Bin gestern mit Reich zu diesem abgelegenen Gehöft dort am Waldrand gewandert. Natürlich mit gebotener Vorsicht. Ein Teil dieses Gutshofes war wohl eine Hühnerfarm. Jedenfalls schleppten wir die Eier in ebenfalls vorgefundenen Säcken extra für euch hierher. Mahlzeit!«

»Vom Bohnenkaffee sagst du uns nichts?«, rief ich.

»Nein. Was kann ich denn dafür, wenn ihr alle zu dumm oder zu faul seid, um überall gründlich nachzusehen. Schade, dass wir heute wieder weg müssen. Hab' gestern noch eine verborgene Tür zu einem gut bestückten Weinkeller entdeckt. War nach meiner Wache ein prima Schlaftrunk.«

»Wenn ich nur einen Angetrunkenen oder sogar Besoffenen sehen sollte, muss ich ihn melden. Jeder weiß, was ihm dann blüht!«, rief Moser erbost.

»Klar! Das Kriegsgericht ist doch das Einzige, was bei uns noch funktioniert!«, rief Reich wütend und bewirkte mit seiner Bemerkung zustimmendes Gemurmel.

Nicht nur ich frühstückte an diesem Tag viel und reichlich. Bevor ich für die nachfolgende Schicht Platz machen musste, stopfte ich noch einen großen Kanten Schwarzbrot in meine Tarnjacke und murmelte dabei leise: »Der Wein dort drüben kann mir ohnehin gestohlen bleiben.«

Dann aber horchte ich überrascht auf, als Moser rief: »Huber! Sie nehmen zwei Mann und legen unsere letzten Minen so verborgen wie möglich vor den Zugang zu diesem Weinkeller. Geben Sie das vorsichtshalber jedem von uns bekannt. Ist doch klar, dass diese Dinger nur für die Russen gedacht sind!«

Ob Huber vor der Ausführung dieses Befehls noch eine oder mehrere Flaschen organisieren konnte, habe ich niemals erfahren. Als wir um 11.00 Uhr abmarschierten, machten wir wohl kaum einen heldenhaften Eindruck. Nach etwa zwei Stunden Fußmarsch erreichten wir eine Waldschneise, und dort zwang uns ein unerwarteter Feuerüberfall der russischen Artillerie, in gewohnter Weise volle Deckung zu nehmen. Auch ich presste mich in einer kleinen Erdmulde in den Schnee, zog unwillkürlich den Kopf zwischen die Schultern und hörte das bedrohliche Surren herumfliegender Granatsplitter.

Schon nach einigen Sekunden dachte ich: »Verdammt! Diese Einschläge liegen aber verflucht nahe. Haben die Russen etwa Adleraugen? Können sie uns sehen?«

Im selben Augenblick hörte ich einen rufen: »Mein Fuß! Mich hat's erwischt!«

Einer vor mir jammerte laut: »Mein rechter Oberschenkel ist ein einziger Matsch! Lasst mich nicht hier liegen!«

So plötzlich, wie der Feuerüberfall begonnen hatte, verstummte er auch wieder. Es waren nur zehn oder fünfzehn Einschläge, aber wir hatten vier Verwundete, die wir am Rand des Feldweges mit unseren Verbandspäckchen notdürftig versorgten. Dabei brummte Richard neben mir halblaut: »Jetzt darf nicht mehr viel passieren. Ich hab' nur noch ein Verbandspäckchen und kaum noch Pflaster.«

Auch mein Vorrat war fast erschöpft. Ich nickte lediglich zustimmend, und dann vernahmen wir Mosers laute Stimme: »Ein Mann bleibt bei den Verwundeten! Sie werden von hier abgeholt. Dafür wird gesorgt. Also kein unnötiges Gejammer!«

Bedrückt zogen wir 27 Mann weiter, und ich war froh, dass es mich nicht erwischt hatte. In dieser Kälte hier draußen liegen zu müssen, wäre sehr unangenehm.

Während der vergangenen Tage hatte ich schon mehrmals festgestellt, dass meine Füße in den nassen, hart gefrorenen Filzstiefeln gefühllos geworden waren. Aber noch trugen mich die Beine, und ich dachte, dass sich diese Taubheit in den Zehen bei längerem Gehen wieder normalisieren würde.

Etwa gegen 15.00 Uhr erreichten wir die ersten Häuser am östlichen Stadtrand von Königsberg. Am Rand eines kleinen Platzes reckten sich die kahlen Äste mehrerer anscheinend uralter Eichen in den grauen Winterhimmel, aus dem jetzt vereinzelte Schneeflocken zu Boden schwebten. Hier parkte unser Tross, nämlich der letzte unserer einmal wesentlich zahlreicheren Lastwagen. Die anderen waren in den vergangenen Tagen russischen Granaten zum Opfer gefallen. Soviel ich wusste, war dieser LKW mit Minen beladen. Was mich bei seinem Anblick viel mehr beeindruckte, war die Tatsache, dass neben dem Fahrzeug unser Feldwebel Leutnant Hartmann in erstaunlich strammer Haltung Meldung machte. Daraufhin verschwand unser Kompaniechef mit langen Schritten um die nächste Hausecke.

Nun trat Moser vor uns hin und rief: »Hartmann wird einen Kleinlaster der hier eingesetzten Infanterie nach vorne schicken. Er soll die Verwundeten und ihren Bewacher zurückholen.« Nach einer kurzen Denkpause fuhr er fort: »Versucht hier in der Nähe Quartier zu bekommen.

Die Leute sollen sehr hilfsbereit sein. Das dürfte also nicht schwierig für euch werden. Im Keller eines Hauses hier um die Ecke hab' ich selbst schon ein Feldbett bei Hartmann und dem Chef der Infanterie. Verteilt euch aber nicht allzu weit. Wir haben Befehl, morgen um acht hier anzutreten. Wir sollen Neuhausen mit seinem Flugfeld zurückgewinnen. Natürlich werden wir von Infanterie und vielleicht sogar von Sturmgeschützen unterstützt. Später sollen wir das Flugfeld mit den angeforderten Zugmaschinen räumen, damit wir dort von Transportfliegern aus der Luft mit Nachschub versorgt werden können. Klingt doch gut! Oder?«

Noch während wir alle beifällig murmelten, fuhr ein Kleinlaster mit Stroh auf der Ladefläche an uns vorüber in die Richtung, aus der wir gekommen waren.

»Donnerwetter! Die holen unsere Verwundeten aber schnell zurück«, bemerkte Richard anerkennend, und der Wildschütz fügte rasch hinzu: »Wenn das morgen auch so klappt wie angekündigt, dann könnten wir diesen Krieg vielleicht doch noch gewinnen.«

»Ach ihr Waisenknaben!«, rief einer dazwischen. »Helft uns lieber, anständige Quartiere zu suchen. Wer kann schon wissen, was morgen sein wird?«

Gleich im zweiten Haus in einer schmalen Seitengasse wurden Richard und ich von einer Kriegerwitwe und ihrem Schwiegervater aufgenommen. Jeder bekam ein Bett, und sogar der Badeofen wurde für uns angeheizt. Die beiden überschlugen sich geradezu, um uns den Aufenthalt bei ihnen so angenehm wie möglich zu gestalten. Der Strom war ausgefallen, und so saßen wir gegen Abend frisch gebadet und rasiert mit den beiden Hausbewohnern beim Licht einer Kerze am Tisch und genossen Königsberger Klopse mit Kapernsoße und dazu goldgelb gebratene Kartoffeln. Die Leute waren nicht wohlhabend, aber sie wollten uns ihr Bestes bieten. Das sei in Ostpreußen von alters her so Sitte, erklärten sie uns.

Uns hingegen fiel es schwer, ihre Zuversicht hinsichtlich der von der Propaganda angepriesenen Wunderwaffen zu teilen. Zu übermächtig erschienen uns die Russen, die quasi schon vor der Tür standen. Es klang daher ein wenig halbherzig, als Richard ihnen erzählte, dass wir am folgenden Morgen zusammen mit uns angekündigten anderen Kampfeinheiten einen hoffentlich erfolgreichen Gegenstoß durchführen sollten.

Meine gefühllosen Füße hatten sich blau-rot verfärbt und begannen in der Wärme unangenehm zu jucken. Aber erschöpft, wie ich war, schlief ich dennoch ein, und Richard musste mich am Morgen sogar wecken, damit wir rechtzeitig zum befohlenen Appell erscheinen konnten.

Nach einem wieder sehr reichhaltigen Frühstück traten wir mit unseren geschulterten Karabinern auf die schmale Gasse hinaus. Mir klangen noch die herzlichen guten Wünsche unserer Gastgeber in den Ohren, als ich nach einigen Schritten lauschend stehen blieb. Vor uns auf dem Platz schlugen einige Granaten ein. Dieser »Morgengruß« dauerte nur eine knappe Minute, und Richard meinte dazu seelenruhig: »Hans, das war noch nicht ernst gemeint.«

Dann aber hoben wir beide überrascht die Köpfe. Was war denn das? Wir beschleunigten unsere Schritte und staunten nicht schlecht. So etwas Eigenartiges hatten wir beide noch nie zuvor erlebt. Unser Minen-Lkw war am Heck von einer der Granaten getroffen worden. Er flog aber nicht etwa in die Luft, wie es angesichts seiner explosiven Fracht zu erwarten gewesen wäre. Stattdessen detonierten die Minen verschiedener Bauart eine nach der anderen mit dröhnendem Knallen, zerfetzten seine Seitenwände und rissen weiße, frische Wunden in die Stämme der am nächsten stehenden Eichen. Dann aber erreichte das Feuer einige Kisten mit Sprengstoff, und jetzt erst erhob sich ein gelbroter Feuerball und zerriss das Fahrzeug in unzählige in der Luft umherwirbelnde Trümmer.

»So! Hans, das war's wohl«, bemerkte Richard sarkastisch. »Die Russen brauchen keine Wunderwaffen! Die schaffen das auch ohne!«

Aus allen Himmelsrichtungen kam jetzt der Rest unseres Haufens angerannt. Auch einige Infanteristen redeten wirr durcheinander, und Zivilisten beobachteten uns aus sicherer Entfernung.

Plötzlich stand der Fahrer des Minen-Lkws neben mir und murmelte leise: »Fast drei Jahre fahre ich nun das gute Stück, und jetzt das?« Danach blickte er mich kurz an und meinte: »Eigentlich wollte ich wieder einmal im Führerhaus schlafen. Aber die netten Leute hier haben mir etwas Besseres geboten.«

»Sei froh!«, rief der Wildschütz, der mitgehört hatte. »Dein letztes Stündlein hat eben noch nicht geschlagen. Jetzt musst du wohl mit uns zu Fuß gehen. Aber was heute nicht sein sollte, kann ja noch werden.«

»Ruhe!«, rief die laute Stimme unseres Feldwebels. »Mal alle herhören! Unsere Feldherrnhalle tüftelt irgendwo aus, wie wir das uns vertraute Flugfeld wieder zurückgewinnen und räumen können! Wir warten hier auf weitere Befehle!«

Wir standen in kleinen Gruppen beisammen, und ich starrte schweigend zu Boden. Während sich die anderen ringsum leise unterhielten, beschlich mich ein Gefühl, wie ich es bisher während meiner Frontzeit noch nicht verspürte. War es Angst? Nicht mehr als auch sonst vor einem Einsatz. Doch eine dunkle Ahnung drohenden Unheils bedrückte mich, und leise bat ich Hans Reich, der neben mir stand: »Du Hans, von Isen hast du's nicht weit nach München. Sag bitte meiner Mutter Bescheid, wenn mir heute etwas passieren sollte.«

Reich legte mir beruhigend eine Hand auf die Schulter und meinte grinsend: »Ja, ja. Das mache ich schon, du Spinner. Hat dich heute der Frontkoller auch einmal erwischt? Das kenne ich schon seit Jahren. Hat aber nichts zu bedeuten. Reiß dich am Riemen und mach dir nicht in die Hosen. Auch heute wird dir nichts passieren.«

Alle, die ihn hörten, blickten stumm zu Boden. Keiner lachte. Wir rauchten unsere letzten Zigaretten, unterhielten uns halblaut und warteten. So schwer wie heute war mir dieses Warten vor dem Sturm noch nie zuvor gefallen.

Endlich hielt ein Kradmelder vor Moser, übergab ihm irgendein Schriftstück, wendete sein Fahrzeug und fuhr wieder davon.

Unser Feldwebel las die Zeilen nur kurz und sprach danach mit undurchdringlicher Miene in die erwartungsvolle Stille hinein. »Die Sturmgeschütze haben sich verspätet. Kommen nach! Wir müssen unverzüglich als Vorhut in Richtung Flugfeld aufbrechen! Das ist von entscheidender Bedeutung für das Gelingen unseres Auftrags. In Zweierreihen ohne Tritt Marsch!«

Richard drückte mir eine Kiste mit drei Schuss für ein »Ofenrohr« (Raketenpanzerbüchse 54) in die Hand und bemerkte dabei grinsend: »Hans, das ist für dich. Den Träger des Rohres, das zu diesen Dingern gehört, musst du dir selbst suchen, damit ihr ballern könnt, wenn Panzer kommen.«

Gott sei Dank war an der Kiste eine feste Kordel befestigte. Denn ich hatte wenig Lust, das schwere Ding zu schleppen. Die feste Schnur konnte ich um einen meiner dicken Handschuhe wickeln und so die Last durch den Schnee ziehen.

So ungeordnet und lustlos wie heute hatten wir noch nie einem Befehl gehorcht, obwohl es nach den endlosen

Rückzügen endlich wieder einmal vorwärtsgehen sollte. Langsam und vorsichtig stapften wir durch den schon von zahlreichen Stiefeln niedergetrampelten Schnee. Auf der vor uns liegenden Ebene bis hin zum Waldrand war weit und breit niemand zu sehen.

Wir marschierten schon stundenlang verbissen schweigend durch die scheinbar von Freund und Feind verlassene Gegend, als der Wildschütz vor mir leise bemerkte: »Du kannst sagen, was du willst, aber hier haben sie heute Nacht kräftig herumgeballert, während wir friedlich geschlafen haben. Dass hier keine Russen sein sollen, kann ich nicht glauben.«

Wie um seinen Worten Nachdruck zu verleihen, sahen wir neben unserem Trampelpfad einen toten Landser mit seltsam verkrümmten Gliedern auf dem Rücken liegen. Der Stahlhelm war ihm in den Nacken gerutscht, und die toten Augen starrten weit aufgerissen in den Himmel. Auf der Brust und am Hals waren die Einschüsse von Handfeuerwaffen zu erkennen. Auch an mehreren Stellen um ihn herum sahen wir dunkle Blutflecken im Schnee.

»Na also! Den haben seine Kameraden hier liegen lassen. Die Verwundeten konnten sie anscheinend mitnehmen. Aber wo sind denn die Russen, die diesen Saustall angerichtet haben?«, sagte eine fremde Stimme.

Den lauten Befehl konnte ich aber nicht überhören: »In Schützenkette ausschwärmen und weiter vorrücken!«

Wir waren noch nicht weit gegangen, als die Luft ringsumher plötzlich vom Pfeifen der Granaten erfüllt war, die ersten Einschläge ringsumher Dreck und Schneematsch aufwirbelten und das bedrohliche Surren herumschwirrender Splitter die Luft erfüllte. Wie schon oft zuvor sprang ich in ein Erdloch, das irgendein Landser fachgerecht gegraben hatte, und fühlte mich beruhigt, als Hans Reich sich neben mir in die Deckung schmiegte.

»Scheiße!«, rief er. »Das hat uns unsere Feldherrnhalle nicht verraten, dass schon hier die Russen auf uns warten! Von wegen Sturmgeschütze! Nichts, aber schon gar nichts kann man denen glauben! Wir aber dürfen diese Fehlplanungen wieder einmal ausbaden!«

Jetzt blickte er auf die Kiste mit den »Ofenrohrgeschossen«, die ich zwischen den Knien eingeklemmt hatte. Dann meinte er in vorwurfsvollem Tonfall: »Wirf diese Dinger sofort hinaus! Oder sollen wir beide in die Luft fliegen? Wo das Rohr für diese Dinger ist, weiß ohnehin kein Mensch.«

Ohne lange zu überlegen, schleuderte in die Kiste mit Inhalt in die hereinbrechende Winternacht hinaus. Dann lehnte ich mich zurück in den hart gefrorenen Sand des Erdlochs, das wie ein Sessel geformt war, starrte zum Waldrand nach vorn und fragte: »Sind diese dunklen Flecken dort drüben etwa T34?«

»Klar, du Waisenknabe. Die fahren zwar wahrscheinlich heute nicht mehr weiter, aber sie beteiligen sich an dieser Ballerei. Kannst es doch auch hören.«

Plötzlich wurden die dröhnenden Einschläge ringsumher weniger und schienen sogar völlig zu verstummen. In Reichs Augen bemerkte ich ein kurzes, entschlossenes Aufblitzen, und dann sprang er wieselflink aus unserer Deckung und spurtete ohne ein Wort nach hinten. Er schien es für selbstverständlich zu halten, dass ich ihm folgen würde. Ich aber zögerte noch einige Sekunden, bevor ich mich dazu entschließen konnte, auch zurückzulaufen. Es ist doch hier auf der Ebene über dem Schnee ziemlich hell, und die T 34 sind nur ungefähr 400 Meter entfernt. Die können mich laufen sehen, dachte ich. Doch dann rannte ich los so, schnell mich meine gefühllosen Füße tragen konnten.

Die letzte Granate

Die Einschläge um mich herum schienen wieder zahlreicher zu werden, und obwohl ich wie ein gejagter Hase in Zick-Zack-Sprüngen über den hart gefrorenen, niedergetrampelten Schnee lief, glaubte ich einige Sekunden lang, dass sie sich auf mich konzentrieren würden. Ein heftiger Schlag an die Innenseite meines linken Oberschenkels, gegen die rechte Seite meines Bauches und im Gesicht warf mich zu Boden, und ich versank in tiefe Ohnmacht.

Wie lange ich schon allein auf weiter Flur lag, vermag ich nicht zu sagen. Es waren wohl ein, zwei Stunden, als ich über mir die Sterne am klaren Winterhimmel blinken sah und versuchte, mich zu erheben. Aber Arme und Beine gehorchten mir nicht, und ich fühlte außerdem, dass der untere Teil meiner Nase über den Lippen baumelte. Es mag unwirklich erscheinen, aber mir war trotz der herrschenden Kälte warm, und ich fühlte kaum Schmerzen, nur eine ungeheure Einsamkeit in meiner Brust. Völlig unerwartet und überraschend glaubte ich zunächst an eine Halluzination, denn ich sah einen deutschen Sanitäter in gebückter Haltung über das Schneefeld huschen und rief laut um Hilfe.

Ich konnte es kaum glauben, als ich sah, wie der Sani seine Richtung änderte und mit seiner Tasche auf mich zueilte. »Bleib ruhig liegen, Kamerad. Sind hinter dir noch andere?«

»Kaum. Ich glaub', dass ich der Letzte war, der zurückgegangen ist.«

»Zuerst werde ich deine Nase mit Heftpflaster wieder an Ort und Stelle kleben. Sei froh. Das Blut ist bei dieser Kälte sofort geronnen und hat eine feste Kruste gebildet.«

Er verklebte oder verband meine Splitterverletzungen am linken Oberschenkel, am Bauch, an der rechten Hand und am Unterarm. Dazu bemerkte er leise und mit tröstenden Worten: »Es hat dich zwar ganz schön erwischt, aber besser als der Heldentod ist es allemal. Deine Handschuhe und deine Steppjacke haben allerhand kleinere Splitter abgehalten. Kannst du gehen, auch wenn deine Füße erfroren sind?«

Als er meinen linken Arm um seine Schulter zog und mich aufrichtete, durchzuckten meinen gesamten Körper Schmerzen wie Nadelstiche. Meine von den unteren Waden bis zu den Zehen erfrorenen Beine trugen mich dennoch. Es ist erstaunlich, was man in so einer Situation mit äußerster Willenskraft zu leisten vermag. So humpelte ich ungefähr 600 Meter zurück zu einem hinter einer Feldscheune wartenden Pferdeschlitten, der wahrscheinlich aus einem hochherrschaftlichen Gutshof stammte und vor den nur ein Pferd gespannt war. Während wir zurückgingen, sah ich abermals den beim Vorstoß bemerkten toten Landser am Wegrand liegen. Dabei erfasste ich jetzt erst, wie zutreffend die Worte des Sanis hinsichtlich des sogenannten Heldentodes waren. Nein, noch nicht, dachte ich entschlossen und stemmte meinen geschundenen Körper zu drei oder vier anderen Verwundeten in den Schlitten. Auch die hatte der Sani irgendwo aufgefunden und genau wie mich versorgt. Leise, aber auch zufrieden sank ich in die weichen Polster des ehemals herrschaftlichen Winterfahrzeugs.

Der Sani sprang auf den Kutschbock und wandte sich kurz zu uns zurück: »Dort vorne wartet noch einer auf uns, der kann aber bei mir heroben Platz nehmen.«

Bisher war kein einziger Schuss gefallen. Ob die Russen etwa hinter ihren Panzerplatten schliefen? Unser Retter schnalzte leise mit der Zunge, klatschte einmal leicht mit dem Zügel auf den Rücken des Pferdes, und sogleich glitt der Schlitten fast lautlos auf einer schnurgeraden Eichenallee zwischen den knorrigen Stämmen dahin.

Wahrscheinlich fühlte nicht nur ich mich gerettet und begann sogar, die Fahrt durch die helle Winternacht zu genießen, als ich das schon zur Gewohnheit gewordene Pfeifen von Granaten vernahm. Aber sogleich erkannte ich auch, dass sie nicht in unserer Nähe einschlagen würden.

Unser Pferd aber wusste das nicht. Als die Granaten mit dem üblichen Getöse detonierten, sah ich, wie sich der Rücken unseres Kutschers verspannte und er das aufgeschreckte Tier nicht mehr beherrschen konnte. In Panik galoppierte es mit dem hinter ihm hin und her schlingernden Schlitten zwischen den kahlen Baumstämmen dahin. Manchmal schoss einer der Stämme nur wenige Zentimeter an uns vorbei.

Verzweifelt dachte ich, dass mich der Heldentod nun wohl nicht durch eine Granate, sondern eine Schlittenkufe ereilen würde.

Beim fortwährenden Schlingern des Schlittens musste ich mich mit meiner unverletzten Hand an der Seitenlehne meines Sitzplatzes festklammern. Zwei- oder auch dreimal fuhren wir nur noch auf einer Kufe, und wieder einmal fürchtete ich, das Gefährt würde jeden Moment umstürzen. Nach einer leichten Kuppe ging es nun ein wenig abwärts. Aber was war denn das? Vor uns stand ein in einen langen Wintermantel gehüllter Landser auf dem Weg und hielt einen Stock oder irgendetwas Ähnliches am ausgestreckten Arm vor seiner Brust. So stand er unerschütterlich in der Mitte der schmalen Fahrbahn. Drei, vier Sekunden später – es erschien wie ein Wunder – blieb das

Pferd aufgeregt schnaubend vor dem Soldaten stehen, ließ sich von ihm den Hals tätscheln und schien seinen leisen, beruhigenden Worten zu lauschen. Dabei richtete sich zuerst eines, dann auch das zweite seiner zuvor angelegten Ohren auf, und es beruhigte sich offensichtlich wieder. Nach einem letzten Klaps auf den Pferdehals hörte ich ihn sagen: »Ist schon gut. Diesen Lärm bist du ja nicht gewöhnt.«

Das alles hatte höchstens eine halbe Minute gedauert. Als unser Retter sich etwas mühsam auf den Kutschbock hinaufzog, konnte ich sehen, dass der linke Ärmel seines Mantels lose in einer Seitentasche steckte. Der etwas unförmige Oberkörper ließ jedoch vermuten, dass er den Arm in einer Schlinge trug. Ehrlich gesagt war es mir auch völlig gleichgültig. Wichtig war nur, dass wir glücklich davongekommen waren. Mein Nebenmann war bewusstlos und hatte von unserer Höllenfahrt nichts mitbekommen. Die drei anderen aber redeten erregt durcheinander:

»Ich habe mich schon zerstückelt unter den Schlittenkufen liegen sehen!«

»Ich auch!«

»So ein blödsinniger Heldentod hätte mir nach dem ganzen Schlamassel gerade noch gefehlt!«

Nach einem tiefen Atemzug stellte ich lediglich fest: »Wieder einmal Glück gehabt.«

Dabei vernahm ich gleichzeitig die ruhige Stimme des Pferdebändigers: »Gib mir die Zügel! Das geht auch mit einer Hand. Bin doch mit Pferden groß geworden.«

Danach fuhren wir einige Hundert Meter im Schritt, und danach begann das Pferd zu traben und wieherte einmal laut in die Nacht hinaus.

Den Rest dieser Nacht verbrachten wir auf Strohlagern in einer Scheune. Unser Sani hatte mir die hart gefrorenen Filzstiefel von den Beinen gezogen und meine Unterschenkel und Füße mit Lappen dick eingewickelt. Am Morgen hielt ein Kleinlaster vor dem Scheunentor. Kräftige Männerfäuste trugen zwei von uns hinaus und halfen mir und den anderen, uns auf ein wohl schon öfter beanspruchtes Strohlager auf der offenen Ladefläche zu legen. Wie lange wir in der morgendlichen Kälte durchgerüttelt wurden, vermag ich nicht mehr zu sagen. Jedenfalls erklärte mein neben mir in eine Kirche hineinhumpelnder Nachbar: »Wir sind in Fischhausen. Die Kirche ist Sammelplatz für Versprengte und Verbandsplatz.«

Ein Hauptmann der Feldgendarmerie, also wieder einmal einer der unbeliebten »Kettenhunde«, stand im Mittelgang der Kirche und wies uns mit befehlsgewohnter Stimme ein: »Für Sie sind die Strohlager vor dem ehemaligen Altar und im vorderen Teil des Raumes vorgesehen! Ab mit Ihnen!«

Das andauernde Gerüttel auf dem Lkw hatte die Blutkrusten von einigen meiner Splitterwunden aufplatzen lassen, und ich fühlte mich schlecht.

»Setz dich hier auf die Altarstufe«, meinte ein älterer Sanitäter, der über seiner Uniform einen grünen, hinten zugebundenen OP-Kittel trug. Nur unten lugten die Spitzen seiner Stiefel hervor. Weniger vertrauenerweckend als seine väterlich klingende Stimme wirkten allerdings die zahllosen Blutspritzer auf seinem Kittel, während ich mich leise aufstöhnend auf den angewiesenen Platz niedersinken ließ.

Mit einigen geübten Griffen entblößte der Sani meinen linken Unterarm und sah mir kurz in die Augen, bevor er mir erklärte: »Wir haben keine Narkosemittel mehr, müssen inzwischen ohne Betäubung Notoperationen durchführen. Aber so schlimm wird's bei dir wahrscheinlich nicht werden.« Er desinfizierte eine kleine Fläche in meiner Armbeuge, wobei mir der Geruch von Alkohol in die lädierte Nase stieg. Bevor er mir die Spritze verabreichte, meinte er: »Junge! Du bekommst jetzt Morphium. Davon haben wir komischerweise genug, und es ist für dich viel besser als eine Narkose. Zudem wird es länger wirken. Mag sein, dass du danach benebelt bist, aber deine Schmerzen wirst du kaum noch spüren.«

Als er fertig war, hörte ich ihn sagen: »Es kann noch eine Weile dauern, bis du an der Reihe bist. Es kommen ja immer wieder Neue hinzu, obwohl dieser aufgeblasene Kettenhund dort hinten viele von ihnen aussondert und erst gar nicht bis zu uns vorlässt. Lege dich inzwischen hier hin.«

Schon wandte er mir den Rücken zu und bückte sich zu dem leise stöhnenden Landser hinter mir hinab.

Gehorsam und ermattet zugleich streckte ich mich auf dem zusammengedrückten Stroh vor dem Altar aus. Mein Krankenlager war zwar alles andere als sauber, roch nach Blut, Eiter und anderen unappetitlichen Ausscheidungen, aber das störte mich nicht. Endlich konnte ich ruhig liegen, und die zu erwartende ärztliche Behandlung weckte ein tiefes Glücksgefühl in mir. Doch dann erhaschte ich einen Blick in die benachbarte Sakristei, in der operiert wurde. Laute Schreie hallten zu mir heraus, erstarben plötzlich zu einem leisen Wimmern, das irgendwann verstummte. Wahrscheinlich war unser einarmiger Kutscher, der uns zu unserem ersten Zielort gebracht hatte, bewusstlos geworden, als man ihm den Arm amputieren musste. Dann wurde die Tür wieder zugeschlagen.

Eigenartigerweise fand ich das alles zwar etwas beunruhigend, aber auch nicht wirklich beängstigend oder aufregend. War das schon die Wirkung des Morphiums? Nur das konnte es sein, denn während ich zu den Engelsfiguren am Altar hinaufschaute, glaubte ich, dass diese mit wehenden Flügeln über mir schweben würden. Nur die dröhnende Stimme des

Kettenhundes, dieses Hauptmanns der Feldgendarmerie, riss mich hin und wieder aus meinen Träumen, wenn er brüllte: »Natürlich sind Sie kampffähig. Raus mit Ihnen! Zurück an die Front!«

Nun erklang von einem der Lager irgendwo neben mir eine laute Stimme: »Brüllen Sie hier nicht so laut herum. Das haben die Männer nicht verdient! Man kann Ihnen auch anders sagen, dass sie weiterkämpfen müssen! Außerdem liegen hier Schwerverwundete, die Ihren Lärm nicht ertragen können!«

Der Rufer schien dem Kettenhund zumindest gleichrangig zu sein, denn es wurde einige Zeit tatsächlich ruhiger im hinteren Kirchenteil. Nun aber musste ich, gestützt von einem Sani, in die Sakristei, das heißt in den OP hineinhumpeln.

»Was ist mit Ihren Beinen? Erfroren? Das muss ich mir erst mal ansehen.«

Ich fühlte kaum, wie die Lappen von meinen Beinen entfernt wurden. Wahrscheinlich wurden die Froststellen mit Salbe eingerieben. Was genau mit mir geschah, konnte ich nur vermuten. Jedenfalls fühlte ich, wie meine Beine mit Verbänden umwickelt wurden.

»Die Nase ist gut gemacht. Tadellos!«, stellte ein noch junger Arzt fest und fragte: »War das ein Arzt?«

»Nein, das war ein Sani!«

»Da haben Sie aber Glück gehabt. Es wird natürlich eine Narbe bleiben, aber Ihr Riechkolben bleibt funktionsfähig und gerade. Die größten Splitter, die Sie sich eingefangen haben, müssen wir aber entfernen.«

Trotz meines Morphiumrausches zuckte ich mehrmals schmerzhaft zusammen, als nicht nur die Granatsplitter, sondern auch mehrere entzündete Wundränder an meinem Oberschenkel und am Bauch entfernt werden mussten.

»Nur noch ein paar Minuten müssen Sie durchhalten, dann sind wir fertig.« Die Stimme des Arztes in seinem blutbespritzten OP-Kittel erreichte kaum mein vom Morphium benebeltes Gehirn, aber ich hörte ihn noch sagen: »Geben Sie ihm noch eine Dosis. Der kann's schon vertragen.«

Den Rest des Tages und die folgende Nacht lag ich zusammen mit vier Kameraden auf dem Strohlager in einem kleinen Schuppen, der wahrscheinlich zum ehemaligen Pfarrgarten gehörte. Es fällt mir schwer, mich daran zu erinnern, wie ich diese Nacht verbrachte. Jedenfalls stand am Morgen ein Sani vor uns:

»Jungs, habt ihr ein Glück! Ihr werdet gleich abgeholt, zum Hafen von Pillau und von dort per Schiff weiter nach Westen gebracht. Zuvor aber bekommt ihr noch ein medizinisches Frühstück von mir, damit ihr die Fahrt besser übersteht.«

Nicht nur wegen des Morphiums waren wir fünf in Hochstimmung und redeten leise durcheinander:

»Heimatlazarett?«

»Schiffstransport?«

»Kann sein, dass der Krieg für uns zu Ende ist.«

»Sollen doch die anderen den Endsieg erringen, ich kann gut auf aufgezwungene Heldentaten verzichten.«

Trotz unserer freudigen Erregung unterhielten wir uns gedämpft und wohl eher lallend. Die wiederholte Dosis Morphium schien bei jedem von uns berauschender zu wirken als die vorangegangenen.

Der Sani hatte aber auch ein Kommissbrot und Kunsthonig auf dem Mantel meines Bettnachbarn abgestellt, den dieser als Decke benutzte. Nun säbelte mein Nebenmann, dem ein Fuß oberhalb des Knöchels abgenommen worden war, mit seinem Taschenmesser für jeden von uns etwa gleich große Scheiben ab und reichte sie weiter. Beim

Kauen wunderte ich mich darüber, dass ich kaum Hunger verspürte und meine Kiefer sich bewegten, als würden sie mir nicht gehören. Morphium ist etwas Herrliches, dachte ich. Ich schwebe wie auf Wolken.

Wann ich, von einem alten Landser gestützt, zu dem kleinen Lkw humpelte und mich zu den vier anderen auf's Stroh legte, vermag ich nicht mehr zu sagen. Auch wie lange wir auf der Ladefläche in der kalten Winterluft, nur von dünnen Decken vor der Kälte geschützt, durchgerüttelt wurden, weiß ich nicht mehr. Nur so viel weiß ich noch: Das Rütteln und Stoßen während der Fahrt verursachten mir längst nicht so starke Schmerzen, wie bei den vorangegangenen Transporten. Wieder war ich dankbar für das Morphium.

Unser Wagen erreichte Pillau und fuhr im Schritttempo auf einer engen Fahrspur an Pferdewagen, Handkarren oder Schlittengespannen vorbei, die alle mit alten Menschen, Frauen und Kindern sowie allem möglichen Hausrat überladen waren. Bei diesem Anblick erwachte ich kurze Zeit erschrocken aus meinem benebelten Zustand und fragte ich mich, warum all die Menschen nicht schon früher abgehauen waren. Die Russen standen doch schon länger vor ihren Haustüren. Jetzt mussten sie alle auf ein Schiff, um dem Feind nicht in die Hände zu fallen.

Westwärts

Unser Lkw hielt so nah am Kai, dass ich die Wellen der Ostsee gegen die Steinmauer plätschern hörte und auch vernahm, wie ein Oberleutnant befahl: »Bringt alle fünf ins erste Abteil der Baracke, gleich neben der Tür!« Dann fragte er: »Kommen noch mehr?«

Die Antwort unseres schon leicht ergrauten Fahrers konnte ich nicht mehr verstehen, weil ich mich darauf konzentrierte, mich mithilfe von zwei ebenfalls schon älteren Sanitätern in die Baracke zu schleppen.

Dabei meinte einer der beiden: »Jungs! Ihr wisst nicht, was für ein Glück ihr habt! Wenn ein Schiff kommt, seid ihr so weit vorne, dass ihr vielleicht hineingebracht werden könnt! Diese ehemalige Baracke hat unser Oberleutnant extra für Verwundete freigehalten.«

Der andere Sani aber meinte: »Hannes! Weck mit deinem Gequatsche doch keine falschen Hoffnungen in den armen Kerlen. Du weißt doch, was für ein Gedränge und Gezerre es gibt, wenn wieder mal ein Schiff abgeht, was immer seltener vorkommt.«

»Klar weiß ich das. Könnte aber klappen.«

Die Baracke war in mehrere kleine Kammern unterteilt, in denen jeweils zwei dreistöckige Bettgestelle rechts und links der Tür standen. Weil ein kleiner Kanonenofen im Flur ein wenig Wärme spendete und ich mich auf der dreiteiligen Matratze des untersten Lagers ausstrecken konnte, fühlte ich mich beinahe wohl. Über mir lag ein fußamputierte Landser, der anscheinend starke Schmerzen litt, denn er er warf sich unruhig auf dem Lager hin und her und stöhnte leise.

Am frühen Abend des 29. Januar erwachte ich aus meinem Dämmerzustand, sah, wie der Sani dem Mann über mir ein Kommissbrot und einen Becher Kunsthonig auf sein Lager legte, eine große Kanne mit irgendeinem Getränk zusammen mit großen Tassen bei ihm abstellte und uns wortlos wieder allein ließ.

Zu meiner Überraschung stöhnte der Fußamputierte jedoch: »Diesmal kann ich es nicht für euch schneiden!«

»Das geht schon in Ordnung«, meinte mein Nebenmann Fritz leise. »Gib mir dein Messer. Diesen Kanten Brot kann ich auch aufschneiden.«

Diesmal verspürte ich Hunger und kaute hastig das schon harte Brot. Dazu trank ich lauwarmen Tee in großen Schlucken. Die Wirkung des Morphiums schien langsam nachzulassen. Als der Sani nach etwa einer Stunde wieder zu uns hereinschaute, sagte ich ihm das, und er meinte: »Später komme ich noch mal zu euch. Zuerst aber muss ich draußen mehrere verletzte Frauen, Kinder und zwei alte Männer verbinden. Hoffentlich reicht mein Verbandsmaterial.« Schon hastete er wieder hinaus.

Anscheinend fand er keine Zeit mehr, um sein Versprechen einzulösen. Doch ich konnte trotzdem vor mich hin dösen. Plötzlich wurde ich hellwach, weil der Mann über mir so heftig zu strampeln begann, dass unser Bettgestell zitterte.

Laut rief ich zu ihm hinauf: »Hannes! Bist du jetzt völlig übergeschnappt? Bei diesem Erdbeben kann doch niemand schlafen!«

Das Gestrampel hörte fast augenblicklich auf, und ich fiel wieder zurück in einen schlafartigen Dämmerzustand, der aber immer wieder von stechenden Schmerzen im Oberschenkel, im Bauch und am rechten Unterarm unterbrochen wurde. Als am frühen Morgen der Sani zu uns kam, war Hannes tot, und auch der Mann über meinem Schlafnachbarn war schon erkaltet.

Der Sanitäter legte seine Tasche auf den Matratzen über mir ab und lief hinaus. Zusammen mit dem uns flüchtig bekannten Oberleutnant trug er die beiden Toten hinaus, und Fritz, mein Bettnachbar, bemerkte leise: »So schnell kann's gehen. Den über dir kannte ich nicht. Aber Norbert war mit mir in der gleichen Kompanie. Er starb so still und leise, wie er immer war.«

Wir hörten noch, wie sie aus einer der anderen Kammern einen weiteren Leichnam hinaustrugen. Danach kam der Sani zurück, ging neben mir in die Hocke und jagte mir wortlos eine große Menge Morphium in die Vene meines linken Armes.

Dann meinte er grinsend: »So Junge! Du verträgst dieses Teufelszeug anscheinend bestens. Kannst froh sein, dass wir wenigstens davon noch genügend haben. Das müsste jetzt für mindestens zwei Tage, vielleicht auch länger reichen. Träum' was Schönes!«

Am Nachmittag des 30. Januar wurde es draußen am Kai plötzlich laut. Ich richtete mich ein wenig auf, um besser zu hören.

»Hans! Da muss ein Schiff angekommen sein!«, rief mein Bettnachbar aufgeregt.

Dazu konnte ich lediglich nicken. Die üppige Dosis Morphium schien zu wirken, denn ich sah meine Umgebung wie durch eine Nebelwand. Draußen tönten jetzt laute, teilweise aufgeregte, kreischende Frauenstimmen, dazu einige Männer- und Kinderstimmen durcheinander. Wir verstanden nur vereinzelte Worte:

»Endlich!«

»Schön zusammen bleiben!«

»Nicht weglaufen! Bei Mama und Oma bleiben!«

Einmal glaubte ich sogar die Stimme unseres Oberleutnants zu verstehen, als er laut irgendjemandem zurief: »Ihr müsst uns unbedingt helfen!«

Eine Lautsprecherdurchsage übertönte alle anderen Geräusche: »Hier spricht der Kapitän der *Wilhelm Gustloff.* Wir sind schon überbelegt und können niemanden mehr aufnehmen. Uns folgen aber andere Schiffe! Wir müssen hier die Nacht abwarten, weil wir bei Tageslicht zu sehr gefährdet sind und unser Geleitschutz ausgefallen ist. Wünsche allen ein gutes Weiterkommen!«

An diese Szene glaube ich mich zuverlässig erinnern zu können. Das Schreien und Rufen vor der Baracke erstarb allmählich und wich wahrscheinlich einer allgemeinen Enttäuschung.

Völlig überraschend stürmte unser Sani zu uns herein, zerrte mich von meinem Lager, schlang meinen linken Arm um seinen Nacken und schleppte mich hinaus. Dabei erklärte er keuchend: »Die Matrosen dort oben wollen uns helfen. Weren euch an der Bordwand entlang nach oben hieven! Ihr kommt gleich dran! Bedankt euch bei unserem Oberleutnant.« Er legte mich neben Fritz auf den Boden. »Ihr seid die ersten der blinden Passagiere.«

Schon knallte eine quadratische Metallplattform, etwa 50 mal 50 Zentimeter groß und umschlossen von einem Aluminiumgeländer, direkt vor meinen dick verbundenen Füßen auf den Boden. Wie viele Hände mir unsanft unter die Arme griffen, mich in diesen Metallkorb stellten und festgurteten, konnte ich nicht feststellen, denn schon schlug das Metalltürchen hinter mir zu, und ich schwebte langsam aufwärts. Trotz meines benebelten Zustands staunte ich, wie groß dieses Schiff war, und erkannte außerdem, dass ich im hinteren Drittel dieses schwimmenden Kolosses ankommen würde.

Mit einem leichten Ruck hielt mein Transportkorb, schwebte an einem kleinen Schwenkkran über die Reling und ein Rettungsboot hinweg, das mir riesengroß erschien, und setzte etwas unsanft auf den Decksplanken auf. Kräftige Matrosenfäuste ergriffen mich, zerrten mich drei, vier Meter weit in einen kleinen, fensterlosen Raum und legten mich unerwartet sanft auf eines der Matratzenlager, die auf dem geriffelten Metallboden lagen. Wenige Minuten danach lagen Fritz und etwas später noch ein anderer neben mir, und ich hörte, wie einer der Matrosen meinte: »Unsere beiden Käptn würden sich wundern, wenn sie mitgeteilt bekämen, dass wir noch drei Passagiere mehr an Bord gehievt haben.«

Warum nach uns dreien kein anderer mehr an Bord genommen wurde, obwohl noch zwei Plätze frei waren, habe ich niemals erfahren. Fritz fragte nur enttäuscht: »Vielleicht funktioniert dieser Transportkorb nicht mehr.«

»Kann sein«, erwiderte ich. »Aber sag' mal, glaubst du nicht auch, dass noch andere bemerkt haben, was da läuft, und dass man sich um einen Platz in diesem Aufzug gestritten hat? Vielleicht hat er deshalb nicht mehr funktioniert.«

»Menschenskind, Hans! Wenn das so ist, dann haben wir drei aber einen Riesendusel gehabt!«

»Klar. Es ging doch alles so schnell.«

Wir beschlossen spontan, uns darüber keine weiteren Gedanken zu machen. Irgendjemand hatte ein kleines Kissen unter meinen Kopf geschoben und mir eine Decke übergeworfen. Der Metallboden unter den dünnen Matratzen war aus irgendeinem Grund nicht kalt, und ich fühlte nur noch Erleichterung und Dankbarkeit, weil ich mit diesem großen Schiff dem Inferno der wahrscheinlich zusammenbrechenden Front und der während der letzten Tage befürchteten Gefangenschaft entkommen würde.

Hans, dachte ich, du bist zwar nicht mehr ganz neu, liegst aber hier so sicher wie in Mutters Schoß. Vielleicht ist für dich der Krieg sogar zu Ende. Von diesen trostreichen Gedanken beruhigt und wohl auch dank der Nachwirkungen des Morphiums verfiel ich in einen zwar unruhigen, aber wohltuenden Dämmerzustand.

Als die Tür aufgerissen wurde, schrak ich hoch und sah, dass es draußen schon dunkel wurde. Ein Infanterist mit Kopfverband und einer schwarzen Klappe vor einem Auge trat ein. »Draußen weht ein kalter Wind! Habt ihr in eurer Werkzeugkammer noch ein Plätzchen für mich?«

Ohne unsere Antworten abzuwarten, setzte er sich auf ein zu einem Bündel zusammengerolltes Segeltuch, das ich in der Ecke bemerkt hatte, als es noch heller war. Die Tür ließ der Landser offen. »Wir wollen doch wenigstens hören, was da draußen vor sich geht. Es wird langsam unruhig. Wahrscheinlich legen wir bald ab. Hab gehört, dass kein Geleit mehr kommen soll und wir zwei gleichberechtigte Kapitäne haben, die unterschiedliche Meinungen vertreten, was die Beleuchtung unseres Kastens betrifft. Der eine will mit festlicher Friedensbeleuchtung demonstrieren, dass wir nur Flüchtlinge, also Zivilisten und Verwundete an Bord haben. Der andere möchte haben, dass wir im Dunkeln fahren und unbemerkt bleiben könnten.«

Der Landser hatte kaum ausgesprochen, als wir fühlten, wie der Boden unter uns leicht zu zittern begann.

»Wer sagt's denn?«, hörte ich die Stimme aus der Ecke. »Die Maschinen laufen schon. Wofür brauchen wir ein Geleit? Dieser Kahn fährt doch schneller als alle anderen.« Er erhob sich, und während er hinausging, rief er zu uns zurück: »Mal schauen, wie so etwas vor sich geht.«

Nach drei, vier Minuten kam er wieder zurück und berichtete: »Von der Kaimauer sind wir schon weg, fahren schon langsam. Aber die Leute dort hinter und unter uns rufen alle verzweifelt. Das kann ich nicht mehr mit anhören. Ob die auch noch auf Schiffen entkommen können?«

»Hoffentlich!«, antworteten Fritz und ich gleichlautend und fast gleichzeitig. Dann sah ich Fritz im Halbdunkeln grinsen und auf seinen Nebenmann deuten. »Hans, dieser Kerl verschläft tatsächlich seine Rettung.«

»Oder er verträgt Morphium nicht so gut wie wir beide, obwohl mir auch alles wie vernebelt vorkommt.«

»Weißt du, wie spät es ist?«

»Nein! Aber schätzungsweise könnte es gegen 18.00 Uhr sein. Ende Januar bleibt es zwar schon etwas länger hell, aber es wird noch früh dunkel.«

Täuschte ich mich, oder musste Fritz sich dazu zwingen, deutlich zu sprechen? Auch er schien keine Schmerzen zu spüren. Morphium war doch ein herrliches und wirksames Mittel für uns.

»Es stimmt also, dass wir ohne Geleit fahren?«, fragte ich den fremden Landser und hörte ihn im Brustton der Überzeugung von seinem Sitzplatz zu uns herüberrufen:

»Klar! Hab soeben noch gehört, dass die beiden Kapitäne sehr erfahrene Seeleute sind. Der mit der friedensmäßigen Festbeleuchtung hat sich durchgesetzt. Alle Lampen an Bord brennen. Die beiden kennen doch die Wasserstraße, auf der wir auf keine Mine fahren können. Alles andere ist unwichtig! Was soll uns schon geschehen? Wir kommen schneller und sicherer als alle anderen nach Westen.«

Nach einigen Sekunden hörten wir den Landser nachdenklich und leiser sagen: »Wir haben aber wirklich nicht nur Zivilisten und Verwundete an Bord. Unten, im einstigen Schwimmbad unter der Wasserlinie, sind angeblich eine Menge junger Nachrichtenhelferinnen dicht an dicht untergebracht. Außerdem habe ich bei einer Unterhaltung von zwei Seeoffizieren vernommen, dass Angehörige einer U-Boot-Lehrdivision an Bord sind. Dann wäre aber unsere friedensmäßige Beleuchtung eine glatte Täuschung. Aber uns kann das egal sein.«

Fritz und ich sanken wieder in unsere vom Morphium bewirkten Träume, und jeder schlummerte zufrieden vor sich hin. Das gleichmäßige Brummen der starken Schiffsmotoren wirkte zusätzlich beruhigend, und bevor ich fester einschlief, hörte ich unseren Landser noch vermuten: »Habe auch gehört, dass unser Ziel Swinemünde sein soll. Aber eine genaue Auskunft kannst du auf diesem Kahn von keinem der Matrosen bekommen.«

Irgendwann schreckte ich hoch. Eine ungeheuer laute, durch die Nacht hallende Detonation hatte mich aus dem Schlaf gerissen. Das war lauter und länger anhaltend, jedenfalls intensiver als alle Detonationen, die ich bisher vernommen hatte. Dazu verspürte ich einen Ruck unter meiner Matratze, hörte unseren Landser mit eiligen Schritten zur Tür hasten und dabei rufen: »Was war denn das? Das war doch irgendwo vor uns, im Vorschiff!«

Von draußen hörte ich aufgeregte Männerstimmen:

»Wir haben einen Torpedotreffer im Vorschiff!«

»Das kann ja heiter werden!«

»Ein U-Boot? Spinnst du?«

Im selben Augenblick hörten wir alle die laute Detonation, die nur von einem zweiten Treffer kommen konnte, und diesmal spürte ich genau, wie der Boden unter mir bebte. Hans, dachte ich trotz des in meiner Blutbahn kreisenden Morphiums erschrocken, sollst du jetzt jämmerlich ersaufen wie eine Katze in einem Sack?

Noch während ich dies dachte, krachte ein dritter Torpedotreffer ins Schiff, und dieser war näher als die beiden vorangegangenen. Trotz meines benebelten Zustandes musste ich mir wenigstens ein Ohr zuhalten, um dieses ungewohnt laute, weithin hallende Dröhnen etwas zu dämpfen.

Überrascht fühlte ich, wie mich kräftige Männerfäuste von meinem Lager hochzerrten, zur offenen Tür schleppten und über die Reling hoben, wo mich andere Hände ergriffen und unsanft ganz vorn in ein Rettungsboot setzten. Ich glaubte mich in einem Alptraum, als ich hörte, wie schnell – oder auch wie langsam – sich hinter mir unser Boot mit schreienden Frauen, Kindern, alten Männern und anderen Verwundeten füllte. Immer wieder vernahm ich eine laute Stimme: »Zurückbleiben! Frauen, Kinder und Verwundete zuerst! Zurückbleiben! Dieses Boot ist schon überfüllt!«

Einmal hörte ich den scharfen, kurzen Knall eines Pistolenschusses, mit dem sich der Offizier Respekt verschaffen musste.

Irgendwo hatte ich gelesen oder gehört, dass so ein Rettungsboot für 60 Personen ausgelegt sei. Jetzt aber fühlte ich, wie sich unseres immer rascher füllte, hörte hinter mir aufgeregte Frauen und Kinderstimmen und dazwischen ab und zu die heiseren Stimmen alter Männer. Ich war erleichtert, als ich endlich fühlen und sehen konnte, dass wir langsam nach unten, dem Wasser entgegensanken. Gleichzeitig schienen wir uns von der Bordwand zu entfernen, und angsterfüllt blickte ich nach unten zu der dunklen Wasserfläche, der wir immer näher kamen. War es Realität oder das Morphium – jedenfalls bildete ich mir ein, dass sich die *Gustloff* ein wenig zur Seite neigte. So schwebte ich dem Element entgegen, das mir fremd war und bedrohlich auf mich wirkte.

Schräg vor uns und etwa zehn Meter tiefer schwebte ein Boot, das kurz vor dem unsrigen zu Wasser gelassen worden war. Im fahlen Licht der Winternacht und in den Lichtstrahlen einiger vorbeischwebender Bullaugen kamen mir die darin dicht an dicht verstauten Menschen wie eine dunkle, amorphe Masse vor.

Aber was war denn das? Ein eisiger Schreck lähmte alle meine geschundenen und auch die heil gebliebenen Glieder, als ich zusehen musste, wie sich dieses Boot mit einem plötzlich Ruck an einem seiner Enden, ich glaube mit dem Heck, nach unten senkte und die darin sitzenden Menschen wie Klumpen laut schreiend und kreischend ins Wasser fielen. War eines der Seile gerissen oder hatte einer der Davits, an denen das Boot hing, unter der Überlastung nachgegeben? Ich habe es nie erfahren.

Panische Rufe ertönten in meinem Rücken, erstarben zögerlich und verwandelten sich zu ängstlicher Stille. Endlich setzten wir auf dem Wasser auf.

»Wir müssen so rasch wie möglich weg vom Schiff!«, rief ein Matrose, der, wie man mir später sagte, am Heck unseres Bootes stand und das Ruder bediente. »Los! Los! Es geht um unser Leben! Wir müssen rudern! Ihr seht doch, dass der Bug der *Gustloff* schon tiefer liegt und die Bordwand mitschiffs bis obenhin aufgerissen ist. Wir müssen weg vom Schiff! Keiner weiß, wie lange es noch oben bleibt! Los! Los! Jeder, der kann, an die Ruder! Wenn die *Gustloff* sinkt und wir nicht weit genug weg sind, wird sie uns in ihrem Sog mit in die Tiefe ziehen.«

»Die armen Menschen aus dem anderen Boot rufen doch um Hilfe! Können wir denn denen nicht helfen?«, rief eine Frauenstimme.

»Nein! Wir sind schon überfüllt! Wenn sie sich an unsere Bordwand klammern, kentern wir auch! Das Wasser ist eiskalt. Sie werden ertrinken, wenn sie nicht zuvor erfrieren. Klingt hart, ist aber so! Rudern, habe ich gesagt! Oder wollt ihr auch ersaufen! Rudern!«

Wer hinter mir ruderte, konnte ich nicht sehen, denn ich saß so eng eingeklemmt, dass ich nur nach vorn oder nach den Seiten schauen konnte. So sah und fühlte ich, wie wir uns zu drehen begannen und sich unser überladenes Boot langsam von dem sinkenden Schiff fortbewegte. Gott sei Dank war die See ruhig, denn wir lagen so tief im Wasser, dass größere Wellen über unsere Bordwände geschwappt wären. Was dann geschehen könnte, wollte ich mir trotz meines vom Morphium immer noch benebelten Zustandes nicht vorstellen.

Als die Hilferufe hinter uns allmählich erstarben, ertappte ich mich dabei, dass ich ein stilles Gebet für die Toten oder Ertrinkenden zum Himmel schickte. Entdeckte ich dabei einen bisher unbekannten Wesenszug in mir oder war auch das die Wirkung des Morphiums?

Unser Rettungsboot lag jetzt in sicherer Entfernung parallel zum sinkenden Schiff. Ich schätzte die Entfernung auf ungefähr 500 Meter. Weil ich keine Uhr hatte und trotz des Morphiums in Panik und äußerster Erregung war, konnte ich nur schätzen, wie viel Zeit seit dem ersten Torpedotreffer verstrichen war. War es eine Stunde oder auch länger? Keines der Rettungsboote an der uns zugewandten Seite war mehr zu sehen, doch immer noch war das sich langsam uns entgegenneigende Deck der *Gustloff* überfüllt mit schreienden Menschen. Immer wieder sprangen einzelne oder ganze Gruppen wie schwarze Punkte ins Wasser. Ob sie Schwimmwesten trugen, konnte ich nicht erkennen.

Aber was war das? Ich glaubte, meinen Augen nicht zu trauen, als zunächst schemenhaft, dann aber immer deutlicher der Bug eines Kriegsschiffes auftauchte, das mit schäumender Bugwelle auf uns zulief.

»Ein deutscher Zerstörer!«, rief eine heisere Greisenstimme hinter mir. »Der kann eine Menge Leute an Bord nehmen!«

Die hoffnungsfrohen Rufe in meinem Rücken erstarben zögernd, denn das als Zerstörer bezeichnete deutsche Kriegsschiff änderte plötzlich den Kurs und verschwand hinter dem noch über dem Wasser aufragenden Heck der *Wilhelm Gustloff.*

Wer es rief und woher er es wusste, erfuhr ich nie, aber die gleiche kräftige Tenorstimme rief: »Unser Zerstörer hat schon einen Torpedotreffer. Wenn er hier stoppen würde, wäre er eine Zielscheibe für das russische U-Boot, und es gäbe noch mehr Tote. Er muss abhauen. Leider!«

Der Bug der *Wilhelm Gustloff* versank anfangs langsam, dann immer schneller im Wasser. Ich glaubte zu träumen, aber alle noch sichtbaren Bullaugen des aufwärts ragenden Achterschiffs leuchteten hell in die Nacht, und die noch vorhandenen Lampen an Deck tauchten das schaurige Bild in gleißendes Licht. Das laute Heulen der Schiffssirene übertönte auf eine schwer zu beschreibende, schauerlich durch die Nacht hallende Weise die Schreie der noch an Bord befindlichen oder der im Wasser treibenden Menschen. Dann erstarb die Sirene mit gurgelnden Lauten. Immer seltener hallten die Hilferufe von Männern, Frauen und Kindern durch die Nacht, dann wurde es im wahrsten Sinne des Wortes totenstill.

Starr vor Schreck blickte ich hinüber zum Ort des Grauens und sah, wie die Wellen schließlich über dem Heck der *Gustloff* zusammenschlugen. Irrte ich mich oder ragte noch eine Mastspitze aus dem Wasser? Dort drüben ertranken in diesen Minuten Menschen oder erfroren im eiskalten Wasser, und keiner von uns konnte ihnen helfen. Diese Szene hat mich mein Leben lang verfolgt.

Die laute Stimme unseres Steuermanns unterbrach das ängstliche Schweigen. »Die haben ganz sicher per Funk unsere Position angegeben. Wir bleiben hier. Rudern wäre Kraftverschwendung! So viel mir bekannt ist, befinden wir uns auf einer der meistbefahrenen Fahrtrouten. Hier wird uns irgendein anderes Schiff finden! Bitte bewahrt unbedingt Ruhe!«

Es kann gut möglich sein, dass es mir in meinem benebelten Zustand von allen Schiffbrüchigen am leichtesten fiel, dieser Aufforderung zu folgen. Hinter meinem Rücken hörte ich manchmal aufgeregtes Flüstern oder unverständliches Stimmengewirr. Noch heute erscheint es mir bemerkenswert, wie still sich alle verhielten. Unser tief im Wasser liegendes Fahrzeug schien wohl keinem vertrauenerweckend, und wohl deshalb wagte niemand, sich mehr als unbedingt notwendig zu bewegen.

Einmal hörte ich deutlich: »Mama, ich muss mal!«

»Macht nichts, Hannes! Dein Höschen ist doch eh schon voll. Ein Klo gibt's hier nicht.«

Dicht hinter mir hörte ich eine ängstliche Frauenstimme murmeln: »Hoffentlich bleibt es weiter so windstill.«

Nur selten sahen wir eines der anderen Boote wie einen dunklen Schatten auf der fast schwarzen Wasserfläche. Eine leichte, kalte Brise wehte über die ruhige See.

Der Rest der Nacht verging für mich wie ein unwirklicher Traum. Im Morgengrauen des 31. Januar sahen wir etwa ein-, zweihundert Meter entfernt einen wahren Teppich von Toten in Schwimmwesten auf dem Wasser treiben.

»Wie viele waren eigentlich an Bord?«, fragte eine jugendlich klingende Frauenstimme hinter mir.

»Angeblich mehr als 10 000 oder noch mehr. Genau weiß ich es nicht!« Unser Steuermann sagte dies zwar leise, aber sogar ich an meinem am weitesten von ihm entfernten Platz konnte ihn gut verstehen. »Verhalten Sie sich weiterhin so ruhig wie möglich! Wir haben wirklich eine Chance, hier gefunden zu werden!«

Kurzes, unverständliches Stimmengemurmel war die Antwort. Nur eine helle Kinderstimme fragte laut: »Onkel, dauert es noch lange, bis wir auf ein anderes Schiff kommen?«

»Wenn du weiterhin so brav und still bei deiner Mama sitzen bleibst, wird es vielleicht nicht mehr lang dauern.«

Irgendwann zählte ich fünf andere Boote, die genauso tief im Wasser lagen wie das unsrige. Dann versank ich in einen zwar unruhigen, aber schmerzlosen Zustand, der zwar nicht als Schlaf bezeichnet werden konnte, mir aber die Stunden des Wartens sicher kürzer erscheinen ließ als den anderen. Einmal konnte ich mich ein wenig umdrehen, um zu sehen, wie einige in stoischer Ruhe vor sich hin starrten oder wie Mütter ihren Kindern tröstende Worte ins Ohr flüsterten oder sie in ihren Armen in den Schlaf zu wiegen versuchten.

Weiter nach Westen

Es war wohl am frühen Nachmittag, als mich laute Rufe von kreischenden Frauen- und heiseren Männerstimmen aus meinem Dämmerzustand rissen. Unser Steuermann aber brüllte laut, weil sich hinter mir wahrscheinlich einige ruckartig von ihren Sitzen erhoben: »Ruhe! Bleibt gefälligst auf euren Bänken sitzen! Wollt ihr denn jetzt doch noch im kalten Wasser ersaufen? Die holen uns auch ohne eure Schreie an Bord! Ruhe bewahren!«

»Sind wir jetzt gerettet?«

»Noch nicht, aber bald.«

»Mutti! Ist dort drüben der Opa?«

»Aber nein, Heiner! Der musste doch auf der *Gustloff* bleiben.«

Etwa hundert Meter schräg vor mir stoppte ein kleineres Schiff bei einem der Rettungsboote, und ich konnte sehen, wie die Menschen auf einer Strickleiter nach oben kletterten oder von Matrosen nach oben geholt wurden. Das wirkte zwar beruhigend auf mich, aber viel wichtiger war, dass schräg hinter diesem kleineren Schiff ein großes mit kaum sichtbarer Bugwelle langsam auf uns zuglitt und etwa zehn Meter neben uns stoppte.

»Weiterhin Ruhe bewahren!«, brüllte unser Steuermann. »Wollt ihr etwa jetzt noch baden gehen? Wenn ihr alle gleichzeitig auf die Backbordseite drängt, kentern wir! Weiterhin diszipliniert bleiben! Sitzen bleiben!«

Für mich war nur wichtig, wieder an Bord eines richtigen Schiffes zu kommen. Schon als es langsam auf uns

zugelaufen kam, konnte ich die etwas verbliche Auf-
schrift an der Bordwand lesen: »Seedienst Ostpreußen«.

»Ein Frachter!«, rief unser Steuermann.

»Ja! Und das vor uns ist ein Minensucher, der die anderen aufnimmt. Dort an Steuerbord vor uns ist sogar ein
Torpedoboot!«

»Opa, woher weißt du denn das?«, rief ein etwa acht
Jahre alter, magerer Junge, der seine kleinere Schwester an
der Hand hielt und hinter seiner Mutter stand, die ein
Kleinkind auf dem Arm trug. Alle drei trugen dicke Mäntel und Wollmützen.

»Weil ich im letzten Krieg bei der Kriegsmarine war«,
hörte ich noch die Antwort, um danach staunend zu beobachten, wie sich in der Bordwand des neben uns liegenden Frachters ein großes, rechteckiges Tor öffnete und wie
eine Plattform zu uns herabsenkte. Drei oder vier Matrosen kamen aus dem Rumpf heraus und hoben die ersten
der nun doch aufgeregt durcheinanderredenden Frauen
und Kinder, mehrere auf Krücken gehende Landser und
ein paar alte Paare zu sich herauf. Schließlich war ich der
Letzte im Boot. Ein hünenhafter Matrose sprang zu mir
herein, griff mir helfend unter den linken Arm, und schon
stand ich vor der Plattform und wenig später unsicher
schwankend darauf.

In dem riesigen Frachtraum saßen dicht gedrängt überwiegend Frauen und Kinder, auch alte Leute auf Bänken
vor ihren Koffern und Rucksäcken, und dazwischen sah
ich verwundete Landser mit schmutzigen Verbänden am
Kopf, den Armen oder Beinen.

Ein schon ergrauter Seemann trat an meine Seite und
meinte: »Junge, für dich haben wir im unteren Frachtraum
Betten. Komm, ich will dir nach unten helfen.«

Er griff nach meinem gesunden Arm und deutete auf
einen etwa zwei Meter langen Niedergang, der senkrecht

nach unten führte. Für einen gesunden Mann ist es kein Kunststück, dort hinunterzuklettern, dachte ich gerade, als ich den Matrosen hinabrufen hörte: »Jens! Du stehst gerade so schön dort unten! Nimm doch diesen langen Hänfling in Empfang, bevor er noch mehr ramponiert wird!«

Schon befand ich mich in einem großen, niedrigen Frachtraum. Die Metalldecke war nur einige Zentimeter über meinem Kopf, und einige Deckenlampen hüllten meine neue Umgebung in fahles gelbliches Licht. Nun sah ich drei oder vier noch unbelegte, roh gezimmerte Stockbetten mit dreiteiligen Matratzen, weiß-blau bezogenen Kissen und grauen Wolldecken. Alle anderen Betten waren belegt mit Verwundeten oder kranken Zivilisten. Die Doppeldecker, wie wir diese Betten nannten, standen entlang der Bordwände und im Mittelgang des Frachtraums.

»Darf ich hier etwa liegen?«, fragte ich Jens, der neben mir ging, und konnte mein Glück kaum fassen.

»Na klar. Solang der Vorrat reicht! Hinter deinem kam noch ein Boot, vielleicht kommen noch mehr. Na los! Ich helfe dir gleich hier hinauf. Dein Vorgänger in diesem Bett hat ein Seemannsgrab gefunden.«

Kaum lag ich wohlig ausgestreckt unter der Decke, da fühlte ich, wie die Schiffsmotoren lauter wurden und das Schiff Fahrt aufnahm.

»Gibt's hier etwa auch Sanitäter oder Krankenschwestern?«, fragte ich den Landser unter mir.

»Nein. Das wäre auch Luxus. Wir kommen doch bald in ein Lazarett.«

»Ich lag schon einmal auf der *Gustloff*.«

»Das haben wir gehört. Muss furchtbar gewesen sein.«

»Wenn's hier wieder krachen sollte, wäre das unser Ende. Von hier unten kommt doch keiner mehr nach oben. Und wenn doch, dann in kein Rettungsboot.«

»Ach Quatsch! Unser Geleit ist sicher.«

»Sicher fühle ich mich erst, wenn ich im Westen wieder auf festem Boden stehe.«

»Nach dem, was du erlebt hast, kann ich dich zwar verstehen, aber ich bin froh, dass ich diesen Saustall an der Front bald hinter mir habe. Ich fühle mich jetzt schon so sicher wie zu Hause.«

»Wo ist denn das?«

»In Seesen am Harz.«

»Hm«, antwortete ich und dachte an meine Mutter in München. Von ihr hatte ich lange nichts mehr gehört. Ob sie wohl auf's Land ziehen konnte, wo sie sicher vor Fliegerbomben war?

»Wo bist denn du zu Hause?«, hörte ich ihn fragen.

»In München. Nicht so sicher wie bei dir.«

»Wird schon gut werden. Der Endsieg kann nicht mehr weit sein.«

Weil ich nicht wissen konnte, wie er das meinte, und ich den Mann nicht kannte, hüllte ich mich in Schweigen, und es fiel mir nicht schwer, Müdigkeit vorzutäuschen. Außerdem legte man in diesem Augenblick einen Mann mit blutbeflecktem Kopfverband in das Bett links von mir. Kaum hatten ihn die Matrosen zugedeckt, da wälzte er sich unruhig hin und her, blickte mich aus müden Augen an und bettelte: »Kamerad, hast du eine Zigarette für mich?«

»Leider nein. Hab' schon ein paar Tage keine mehr gesehen.« Die Luft in diesem Laderaum unter der Wasserlinie war bereits stickig genug, und sie würde noch schlechter, wenn jemand rauchte.

Doch der übernächste Mann auf gleicher Höhe mit uns hatte die Bitte des Neuankömmlings auch gehört und rief zu ihm hinüber: »Habe zwar auch nur noch zwei, aber wir kommen angeblich bald hier raus. Da, nimm! Hast du Feuer?«

Statt zu antworten, griff der Beschenkte hastig nach der ihm angebotenen Zigarette und zerkrümelte sie zwischen den Fingern. Dazu kicherte er wie irre.

»Du Blödmann!«, rief der Zigarettenspender erbost. »Du hast wirklich einen Kopfschuss!«

Unser Raum war nicht beheizt und nicht gedacht für eine so zahlreiche und lebende Fracht. Die Luft wurde allmählich so schlecht, dass ich nur mehr ganz flach atmen konnte. Einige der Männer redeten im Schlaf oder auch in Fieberträumen, strampelten ihre Decken von den erhitzten Körpern, und unsere Atemluft kondensierte am Metall der Decke. An manchen Stellen der Decke sammelte sich das Wasser und tropfte herab. Eine dieser Stellen befand sich direkt über meinem Kopf. Dort bildeten sich immer wieder Tropfen, die von Zeit zu Zeit auf meine Stirn, direkt zwischen die Augen herabfielen. An Schlaf war nicht zu denken, denn ich musste meinen Kopf drehen, damit mich diese Tropfen nicht immer am gleichen Punkt trafen. Dabei versuchte ich mich zu erinnern, wann die Stimme im Lautsprecher angekündigt hatte, dass wir in etwa drei Stunden in Swinemünde anlegen würden und dort von Bord gehen könnten. War es vor einer Stunde gewesen oder schon vor zwei?

Die Zeit verstrich so zäh wie dickflüssiger Honig. Mit jeder Minute bedauerte ich mehr, dass ich nicht in einer der unteren Etagen unserer Stockbetten lag. Endlich kam die erlösende Durchsage: »Wir legen in wenigen Minuten in Swinemünde an.«

Es dauerte aber noch eine schier endlose Zeit, während der es ringsumher allmählich wieder lebendig wurde. Die noch gehfähigen Verwundeten, dazwischen auch einige Zivilisten, stützten sich teilweise gegenseitig und drängten zum Niedergang. Es kam mir endlos vor, bis endlich ein großer, schon älterer Matrose zu mir ans Bett trat.

Bevor er meinen gesunden Arm um seine Schulter schlang, fasste er kurz nach der Hand meines reglos neben mir liegenden »Kopfschusses« und murmelte leise: »Der hat's überstanden. Den müssen wir später hinaustragen.«

Dann wandte er sich wieder an mich und meinte: »Das soll nicht deine Sorge sein, Junge. Und jetzt komm, ich bringe dich zur Leiter.«

Es kostete mich einige Mühe, mich mit einer Hand an der obersten Metallsprosse der senkrecht nach oben führenden Leiter festzuhalten. So stand ich ein oder zwei Sekunden und wusste nicht, wie ich mich mit einer Hand nach oben ziehen sollte. Plötzlich bückte sich ein sehr junger Matrose zu mir herab, ergriff mit erstaunlicher Kraft meinen gesunden Arm und zog mich nach oben. Dabei unterstützte ihn irgendjemand hinter mir, und schon stand ich oben vor dem schon bekannten, offenen Tor in der Bordwand. In der frischen Luft taumelte ich wie betrunken. Zwei ältere Männer sprangen an meine Seiten und stützten mich. Was ein geschundener Körper zu leisten vermag, wenn er ein lohnendes Ziel vor Augen hat, hatte ich schon mehrmals erfahren. Jetzt wurde mir abermals ein solches Ziel genannt.

»Komm, Junge! Dort, nur etwa 100 Meter vom Kai entfernt, wartet ein Zug auf dich, der nach Süden fährt!«

Der Mann an meiner linken Seite, der meinen gesunden Arm über seine Schulter gezogen hatte, bemerkte dazu einschränkend: »Wegen der Tiefflieger, die hier ständig umherschwirren, kann der Zug aber erst fahren, wenn es dunkel ist. Bei Tag würde die Rauchwolke der Lok die Flieger sofort anlocken.«

Mit der Bahn nach Süden

Bevor ich in den Zug einsteigen konnte, durfte ich mich auf einen Stuhl setzen, der vor einem Tisch stand, hinter dem eine ältere Rotkreuzschwester die Reisenden registrierte. Sie schrieb mit großen Druckbuchstaben meinen Namen, meinen Dienstgrad und mein Geburtsdatum auf ein kleines, mit einem Loch versehenes Pappschild. Dieses Schild hängte man mir an einer Schnur um den Hals.
»So!«, brummte sie zufrieden, »nun baumelt Ihr Steckbrief vor Ihrer Brust. Jetzt kann jeder mit einem Blick erkennen, um wen es sich bei Ihnen handelt.« Sie wandte sich an zwei jüngere Rotkreuzhelferinnen und befahl: »Nun helft unserem verhindertem Vaterlandsverteidiger schon beim Einsteigen!«
Nur allzu gern ließ ich mir dabei helfen, in den Zug zu steigen, und sank leise stöhnend auf eine der Holzbänke, wie sie damals in Personenzügen für Passagiere üblich waren, die nicht erster Klasse reisten.
»Wohin fährt denn dieser Zug eigentlich?«, fragte ich eine der Helferinnen.
»Das wissen wir auch nicht genau. In jedem Fall aber nach Süden. Angeblich in Orte, in denen es ein Lazarett gibt. Alles Gute! Und gute Fahrt.« Sie wandte sich zum Gehen und winkte dabei freundlich lächelnd zu mir zurück.
Ihr ebenmäßiges Gesicht erschien mir schön wie das Antlitz eines Engels, und ich versuchte es im Gedächtnis zu behalten, als mich eine Überraschung ganz anderer Art

in die Realität zurückholte. Mehrere junge Rotkreuz-schwestern gingen durch den Waggon, der inzwischen mit verwundeten Landsern voll besetzt war. Sie wurden mit lautem Hallo begrüßt, denn sie gaben an jeden von uns mit Kunsthonig bestrichene Brotscheiben aus und schenkten dazu Tee aus großen Blechkannen in Pappbecher. Jetzt erst wurde mir bewusst, dass ich zuletzt auf dem Schiff des Seediensts Ostpreußen nur einmal eine Tasse Tee und eini-ge Stücke Zwieback zu mir genommen hatte. Davon war ich natürlich nicht satt geworden.

Wir standen etwa drei oder auch vier Stunden und war-teten auf die Dunkelheit. Dabei wurde uns wieder einmal vor Augen geführt, was im Gegensatz zu allem anderen bei der Wehrmacht nach wie vor funktionierte. Ein Offi-zier der »Kettenhunde« in Begleitung von zwei alten Un-teroffizieren schritt durch den Waggon und kontrollierte jeden von uns penibel genau. Als er mit weit gespreizten Beinen vor mir stand, fragte er mich mit unangenehm schnarrender Stimme: »Wann und wo wurden Sie ver-wundet?«

»Am 24. Januar vor Königsberg!«

»Wie kamen Sie denn von dort heraus? Die Russen ha-ben doch den Landweg hierher abgeschnitten!«

»Von Pillau zuerst mit der *Wilhelm Gustloff* und dann mit einem Frachter vom Seedienst Ostpreußen.«

Der Herr Hauptmann zog erstaunt eine seiner Augen-brauen hoch, bevor er etwas freundlicher bemerkte: »Na, Glück gehabt. Gute Genesung.« Er gab mir mein Sold-buch zurück und wandte sich meinem Sitznachbarn zu.

Als die drei Kettenhunde weiter von uns entfernt wa-ren, fragte der Landser, der mir schräg gegenüber saß und einen Arm in der Schlinge trug, leise: »Hast du tatsächlich das Schlamassel auf der *Gustloff* überlebt oder diesen Un-sympathen nur verkohlt?«

138

»Nein, nein, das stimmt schon«, antwortete ich leise, und fühlte dabei unangenehm berührt die fragenden Blicke von einigen meiner Nachbarn auf mich gerichtet.

Kaum waren wir wieder unter uns, da ruckte der Zug an und fuhr durch die Nacht.

»Weißt du, wohin wir fahren?«, fragte mich mein Nachbar, dem ein Bein amputiert worden war.

»Nein, aber mir haben die Schwestern und der alte Eisenbahner vor dem Zusteigen gesagt, dass wir nach Süden in Lazarettorte fahren. Alles andere ist doch egal!«

In unserem Waggon war es wegen der Gefahr von Luftangriffen stockdunkel, und die Luft war geschwängert von Zigarettenrauch und dem Qualm stinkender Pfeifen. Die anfangs angeregte Unterhaltung wurde allmählich leiser, um schließlich fast völlig zu verstummen. Auch ich döste vor mich hin, fühlte mich glücklich über das wieder einmal geschenkte Leben, dachte aber auch besorgt an meine Mutter. Ob sie wohl noch in München war, ständig bedroht von den Bomberverbänden der Alliierten? Eine Rundfunkdurchsage im Frachter auf der Ostsee hatte von aus Süden in den Raum München einfliegenden Feindverbänden berichtet. Dann versuchte ich mich zu beruhigen. Sie ist sicher zu ihren Verwandten aufs Land gezogen. Von dieser Hoffnung beruhigt, schlief ich ein, sah mich aber im Traum wieder im Rettungsboot sitzen und die *Wilhelm Gustloff* in der eisigen See versinken.

Schweißgebadet erwachte ich, denn der Zug stand irgendwo in einer Kleinstadt, und einige Landser drängten hinaus oder wurden hinausgetragen.

Eine ältere Rotkreuzschwester fragte mich: »Möchten Sie auch hier bei uns bleiben? Draußen warten Sankas, die Sie ins Lazarett bringen können.«

»Fährt dieser Zug noch weiter nach Süden?«

»Ja. Wer aber hierbleiben möchte, kann aussteigen!«

»Danke! Dann bleibe ich im Zug, denn ich will so nah wie möglich Richtung Bayern.«

»Schon gut, junger Mann! Wir sind hier ohnehin schon überbelegt! Gute Reise!«

Noch einmal hielt der Zug. Wieder verließen einige unseren Waggon. Beim dritten Halt schallte ein Lautsprecher: »Hier in Vacha ist Endstation. Alles aussteigen!«

Vorsichtig stieg ich die zwei oder drei Trittbretter auf den Bahnsteig hinab. Dabei unterstützte mich ein Obergefreiter, von dem ich später erfuhr, dass er einen Bauchschuss und ein Streifschuss abbekommen hatte.

»Wo liegt denn Vacha?«, fragte ich ihn.

»Menschenskind! Junge! In Thüringen, nicht sehr weit von Erfurt entfernt. Besser hätte es für mich nicht kommen können. Ich bin doch nicht weit von hier zu Hause!«

»Schön für dich! Ein bisschen weiter wäre ich aber schon noch gefahren!«

»Ach was denn. Sei froh, dass du hier bist. Hab' doch mitgehört, dass du fast ersoffen wärst.«

Inzwischen war es zwar noch nicht völlig hell geworden, aber über der dünnen Schneedecke wich allmählich die Dämmerung. Zusammen mit einigen anderen stiegen wir in einen Sanka und fuhren sitzend zwei, drei Kilometer weit durch die Straßen einer vom Krieg anscheinend verschont gebliebenen Kleinstadt. Während der Fahrt nannte mir Heiner Rom seinen Namen, und ich erfuhr, dass er zwei Jahre älter war als ich.

Wenig später hielten wir vor einem Gebäude, zu dessen Eingang einige Steinstufen hinaufführten, und Heiner rief theatralisch: »Sieh einmal einer an! Hier ist jetzt ein Lazarett! Jetzt komme ich doch noch aufs Gymnasium!«

Alle, die mitgehört hatten, lachten und schienen wie wir froh darüber, der Hölle an der Front glücklich entkommen zu sein.

Das Gymnasium entpuppte sich als Notlazarett. Gleich hinter der breiten Tür des Haupteingangs befand sich die Pforte. Dort saß ein Unteroffizier mit einer Augenklappe an einem Tisch und hatte ein Schiebefenster zur Seite geschoben. Nachdem er unsere Namen und Dienstgrade in einer vor ihm liegenden Kladde notiert hatte, rief er zu uns heraus. »Ihr beide kommt in das Zimmer 3 dort drüben, am Rand des ehemaligen Schulhofs. Ab mit euch! Alles Weitere später.«

Heiner und ich traten langsam und mühselig durch die Hintertür auf einen weiträumigen, rechteckigen Hof hinaus. Die gesamte Fläche war von unzähligen Fußspuren durchzogen und von einem etwa zwei Meter hohen Maschendrahtzaun eingefriedet.

»Das ist ja hier fast wie in einem Gefängnis«, meinte ich.

Heiner jedoch lachte: »Hans! Hier wird jedenfalls nicht geschossen. Das ist die Hauptsache! Den Endsieg können wir hier gut abwarten, es ist doch schon Februar! Was der Frühling bringt, werden wir sehen. Die Knarre fehlt mir jedenfalls nicht.«

»Mir doch auch nicht, Heiner.«

Inzwischen standen wir im schmalen, langen Flur des Nebengebäudes vor einer Tür mit der schwarz aufgemalten Nummer drei, und als Heiner klopfte, hörten wir eine kräftige Bassstimme: »Herein!«

Ob es das ehemalige Wohnzimmer einer Lehrerfamilie war, in das wir eintraten? Nur drei Betten, dachte ich. Prima! Dann blieb mein Blick an einer Offiziersmütze haften, die von einem Haken an der Tür baumelte. Sie gehörte sicher dem mehr als dreißig Jahre alten Mann, der in einem blau-weiß-längsgestreiften Hausanzug in einem der drei Sessel vor einem ovalen Eichentisch am Fenster saß.

Er sah nicht nur gemütlich aus, sondern klang auch so: »Nun guckt doch nicht so überrascht aus der Wäsche,

Jungs. Ich bin nur Zahnarzt und werde deshalb bei der Wehrmacht als Offizier geführt.«

Er musterte uns kurz, bevor er weitersprach: »Bin froh, dass ich endlich Gesellschaft bekomme. Immer nur Stimmen aus diesem Kasten hier ...« er deutete auf ein kleines, würfelförmiges Radiogerät, wie es damals als Volksempfänger weitverbreitet war, und fuhr fort: »... ist doch nicht sehr unterhaltsam. Damit kein Missverständnis entsteht: Ich bin nur ein Zahnarzt, der einmal zu langsam lief und sich deshalb einen Lungenschuss einfing.«

Wie es uns eingedrillt war, standen wir beide in strammer Haltung schweigend vor ihm und hörten ihm zu. Jetzt lachte er leise glucksend in sich hinein: »Mit den Ärzten hier im Haus verstehe ich mich selbstverständlich sehr gut, bin mit allen per du. Das wird euch beiden natürlich nicht schaden. Spielt ihr Skat?«

»Jawoll, Herr Leutnant!«, rief Heiner, während ich leicht zögernd antwortete: »Nur ein wenig. Kann's aber besser lernen. Wir spielen in Bayern eher Schafkopf.«

»Na klar! Damit ist die Kuh doch vom Eis.« Er blickte kurz auf seine silbern glänzende Armbanduhr, deutete auf einen großen Kleiderschrank neben seinem Bett und meinte dazu: «Hilft mir einer von euch in meinen Mantel? Drüben im Speisesaal gibt es gleich Frühstück. Muckefuck und Kommissbrot natürlich. Nur die nicht Gehfähigen bekommen ihre Rationen ans Bett gebracht. Wer aber irgendwie schon latschen kann, der muss 'rübergehen.«

Die ehemalige Aula der Schule war jetzt Speisesaal. Als wir eintraten, meinte unser Zimmergenosse leise bedauernd: »Leider muss ich zu diesen vier Herren dort drüben an den Ecktisch. Vor allem dieser Major mit seinem noch nicht verheilten Bauchschuss ist ein richtiger Eisenfresser. Er kann's kaum erwarten, wieder ein Frontkommando zu bekommen. Er kritisiert sogar den Chefarzt neben ihm, wenn er Leute zu lange behält, anstatt die armen Kerle sofort wieder kv zu schreiben. Die zwei anderen sind in Ordnung. Bis später!«

Er wandte sich noch einmal zu uns um und flüsterte uns zu: »Übrigens: Heute sind wir wahrscheinlich bei den Ersten, die Chefarzt und Gefolge mit einer Visite beehren werden. Der Mann muss alles tun, um jeden so bald wie möglich wieder fronttauglich zu machen. Aber keine Angst. Mit ihm und seinem Klan sind wir gut bedient.«

Wir waren wieder allein, und Heiner stellte leise fest: »Da haben sie uns aber zu einem sonderbaren Kauz ins Zimmer gelegt.«

»So sieht's jedenfalls aus.«

»Aber vielleicht haben wir mit dem auch das große Los gezogen.«

Dazu nickte ich lediglich. Wir setzten uns zu Landsern an einen großen Tisch, um nach einer freundlichen Begrüßung zu erfahren, dass an jedem Tisch jeweils zwei Mann täglich wechselnd eingeteilt wurden, um die großen Aluminiumkannen mit Kaffee vorne an der Küche zu holen und später das Geschirr abzuräumen.

»Schon morgen seid ihr zwei an der Reihe«, teilte uns ein großgewachsener Mann schmunzelnd mit. Sein blauweiß gestreifter Lazarettanzug schlotterte um seine hagere Gestalt, als er in unverkennbarem fränkischem Dialekt hinzufügte: »Da könnte ja jeder daherkommen und die Segnungen dieses Hauses ohne eigenes Zutun genießen.«

Ein noch sehr junger Bursche mit einem Gesicht wie Milch und Blut meinte mit einer Stimme, die anscheinend gerade erst den Stimmbruch überwunden hatte: »Ihr wohnt ja dort drüben etwas komfortabler als wir im Hauptgebäude. Glück gehabt! Aber euch werden wahrscheinlich noch heute Vormittag einige – übrigens sehr gut gebaute – Helferinnen die hier üblichen Schlafanzüge bringen und eure verschlissenen Uniformen zum Reinigen abholen.«

Ein älterer Mann mit leicht ergrauten Schläfen musterte uns kurz und schien zufrieden zu sein, als er an keinem von uns beiden bemerkenswerte Orden oder Parteiabzeichen entdecken konnte. Dann fragte er uns in gemütlich klingender hessischer Mundart: »Wo habt ihr beide euch denn so herumgetrieben?«

Ein Wort ergab das andere, während Heiner und ich nach langer Zeit unser erstes Frühstück unter einem festen Dach genossen, auf dem ein großes Rotes Kreuz auf weißem Untergrund aufgemalt war. So jedenfalls erklärte es mir das »Milchgesicht«. Ob ich wollte oder nicht, hier begann ich mich wohlzufühlen, obwohl ich mehr und mehr von Schmerzen geplagt wurde.

Bei der angekündigten Visite trugen wir beide bereits die gestreiften Pyjamas und waren darüber belehrt, dass wir unsere Uniformen nur dann tragen mussten, wenn wir wieder besser gehen konnten und Ausgang erhielten. Dieser musste an der Pforte beantragt und mit einem Ausgangsschein genehmigt werden. Erstaunt beobachteten wir, wie kameradschaftlich-kollegial der Herr Stabsarzt unseren Zimmergenossen begrüßte und seine Begleiter, zwei noch junge Ärzte, dazu aufforderte, den Herrn Leutnant von seinem Brustverband zu befreien.

Alle drei Ärzte trugen blütenweiße Mäntel, unter denen blank gewienerte Militärstiefel hervorlugten. Hinter ihnen stand eine Rotkreuzschwester, die ein mit Krankenakten überladenes, doppelstöckiges Wägelchen vor sich herschob. Wir konnten nur die Rücken der drei Ärzte sehen, hörten aber den Chefarzt ein wenig vorwurfsvoll fragen: »Nun erkläre mir einmal, wie du das machst, Lothar. Der Einschuss in deinem Rücken war fast schon zugeheilt, und jetzt ist er wieder entzündet! Das muss noch heute gemacht werden. Möchtest du den Endsieg etwa hier abwarten?«

Heiner und ich standen immer noch vor unseren Betten. Die leise gemurmelte Antwort unseres Zimmergenossen konnte ich nicht verstehen. Der Chefarzt aber wandte sich ruckartig um, deutete auf mein Bett und befahl mir: »Legen Sie sich so lange wieder in Ihr Bett, bis ich ihren Kameraden untersucht habe. Sie kommen nachher an die Reihe.«

»Verband entfernen«, hörte ich später den vor Heiner stehenden Chefarzt sagen und sah dann wieder nur zwei gekrümmte Rücken und den aufrechten des wartenden Stabsarztes, der Heiner fragte: »Hatten Sie etwas gegessen, als Sie sich diesen Bauchschuss einfingen?«

»Nein, Herr Stabsarzt. Hatte nur großen Hunger.«

»Glück muss der Mensch haben! Der Kurzbericht des Frontarztes besagt, dass die Kugel durch ihren Bauch hindurch ging, ohne den Darm zu verletzen. Hatten wir schon öfter. Das haben alle überlebt, und sie leben hoffentlich heute noch. Aber der Einschuss hat sich durch eingedrungene Stoffreste entzündet und ist vereitert … Schwester Erika!«

»Ja, Herr Stabsarzt?«

»Vermerken: Den Obergefreiten Heiner Rom für OP morgen zur Wundreinigung Einschuss einplanen.« Dann wandte er sich wieder an Heiner: »Keine große Sache. Kann jeder machen.«

»Jawoll, Herr Stabsarzt! Darf ich eine Frage stellen?«

»Natürlich.«

»Meine Mutter ist Hebamme hier in der Nähe, in Geisa. Sie weiß noch nicht, dass ich hier bin. Darf ich sie vor der Operation anrufen?«

»Aber selbstverständlich. Wenn Sie wieder verbunden sind, können Sie drüben von der Pforte aus in Geisa anrufen. Mütter sind selten hier bei uns, wirken aber immer heilungsfördernd.«

Inzwischen hatte einer der jungen Ärzte meinen linken Oberschenkel, meine nach den Erfrierungen vereiterten Beine und meinen rechten Arm von den blutverkrusteten Verbänden befreit und mir zugeflüstert: »Wenn Ihr Bauch freigelegt wird, müssen Sie stehen. Ihre Beine kommen noch vorher dran.«

Nun stand der Chefarzt vor mir. Meine wieder angewachsene Nase schien ihn nicht zu interessieren. »Die ist auf dem bestem Weg zur Heilung, prima gemacht!«, bemerkte er lediglich. Danach beugte er sich über meine anderen Wunden und stellte sachlich fest: »Das muss geröntgt werden. Kann sein, dass wir noch Splitter finden, die der Frontkollege übersehen hat. Dieser kleinere Splitter ist nicht dringend, liegt jetzt an der Innenseite, rechter Unterarm. Muss beobachtet werden.« Meine ramponierten Beine schienen ihn weniger zu interessieren, aber als er kurz danach die wieder entzündeten Wundränder an meiner rechten Bauchseite begutachtete, schüttelte er schweigend den Kopf, um dann zu bemerken: »Auch das kriegen wir wieder hin, kann aber eine Weile dauern.«

Täglich ging die Visite von Bett zu Bett, dauerte bei uns nicht noch einmal so lang wie die erste, war aber bei vielen Genesenden gefürchtet, weil dabei so mancher nicht freiwillig gesund geschrieben und an die immer näher rückende Front abkommandiert wurde. Für wie viele dies wohl das Todesurteil bedeutete?

Ende Februar stellte unser Zimmerkamerad mit schwer zu deutender Miene fest: »Unser Major sitzt ab morgen nicht mehr an unserem Tisch. Er hat sich an die Ostfront gemeldet. Er wird uns sehr fehlen, vor allem dem Stabsarzt, dem er fortwährend über die Schultern schielt, ob er mit seinen Gutachten nicht zu nachsichtig ist.«

Heiner und ich konnten über diese Mitteilung nur lachen. Wir waren beide froh darüber, dass wir hier sein durften, und hofften, dass wir noch lange nicht kv geschrieben würden, jedoch bald so weit genesen sein würden, dass wir Ausgang genehmigt bekämen.

Wir waren schon eine ganze Weile in ärztlicher Behandlung, als mir Heiner freudestrahlend eröffnete: »Hans, dieses Wochenende darf ich mit unserem Bummelzug zu meiner Mutter fahren und das künftig immer wieder. Als Mutter zu Besuch hier war, fand sie dich sehr sympathisch. Vater ist doch an der Westfront gefallen, und sie lebt allein in unserem kleinen Haus. Sie würde gern für uns beide kochen und kann dies auch sehr gut, weil sie als Hebamme öfter bei Bauern tätig ist. Die stecken ihr manches zu, wovon wir hier nur träumen können. Also, was ist? Fährst du mit mir?«

»Danke Heiner! Diesmal noch nicht. Hab nämlich diesen Samstag schon Ausgang in die Stadt genehmigt bekommen. Aber ein andermal sehr gern.«

Meine Beine waren zu Beginn des Monats März schon fast verheilt, und ich konnte kürzere Wegstrecken schmerzfrei zurücklegen. Die laue, frische Frühlingsluft genießend schlenderte ich durch einige Straßen und blieb vor dem Schaufenster einer Gemischtwarenhandlung stehen. Ich wollte fragen, ob ich hier ein wenig Tabak für meine Pfeife bekommen konnte. Kurz entschlossen betrat ich den kleinen Laden, in dem sich einige Frauen vor einer Verkaufstheke laut unterhielten.

»Grüß Gott!«, rief ich, weil ich mich unwillkürlich an zu Hause, an den Kramerladen in unserer Straße, erinnert fühlte. Dann erschrak ich. Ein Leutnant der Infanterie, kaum älter als ich, kam mit zwei, drei strammen Schritten auf mich zu, baute sich vor mir auf, streckte seinen rechten

Arm in Augenhöhe aus und rief laut: »Heil Hitler! Kennen Sie den Deutschen Gruß nicht?«

»Doch, Herr Leutnant.« Auch ich stand jetzt stramm, streckte den Arm aus und sagte, aber aber in normaler Lautstärke: »Heil Hitler.«

»Ihr Soldbuch!« Fordernd streckte er die Hand aus, nahm es in Empfang, notierte sich meinen Namen und fragte, wo ich stationiert sei. In dem kleinen Verkaufsraum war es totenstill geworden, als der forsche, jungenhaft erscheinende Offizier sich auf dem Absatz umwandte, die Tür aufriss und zu mir zurück rief: »Das wird Folgen für Sie haben!« Dann schlug er krachend die Ladentür zu.

Die vier oder fünf Frauen und die Ladeninhaberin begannen laut und aufgeregt gleichzeitig durcheinander zu reden. Nur eine alte, besser gekleidete Dame ergriff meinen Jackenärmel und meinte tröstend: »Na, so schlimm wird's für Sie nicht werden. Dieser eingebildete Schnösel ist mein Nachbar und wohnt neben unserer Apotheke. Er war schon als HJ-Führer und Gymnasiast unbeliebt. Jetzt hat er angeblich Heimaturlaub. Elsa!«, rief sie zur Ladenbesitzerin hinter dem Tresen hinüber, »mein Mann und ich rauchen doch nicht. Gib diesem jungen Soldaten für unsere Tabakmarken zwei Schachteln Zigaretten. Die hat er sich für seinen schönen bayerischen Gruß redlich verdient.«

Nachdem ich mich gebührend bedankt hatte, trat ich auf die Straße hinaus und wäre dort fast mit einer jungen Frau zusammengestoßen, die ich schon mehrmals als Helferin, wahrscheinlich Schreibkraft, im Ärztezimmer aus der Ferne bewundert hatte.

»Nanu!«, lachte sie und blickte mich aus strahlend blauen Augen belustigt an. »Sie kenne ich doch! Sie sind doch der Gefreite, den die Ostsee wieder ausgespuckt hat, damit er hier sein Unwesen treiben kann.«

»Genauso ist es!«, entgegnete ich und fragte ein wenig hastig: »Kennen Sie hier in der Nähe ein gemütliches Kaffee? Möchten Sie mit mir zusammen eine Tasse trinken? Sagen Sie bitte Ja. Ich lade Sie ein.«

»Danke! Sehr gern. Zwei Straßen weiter, um die Ecke bei Tante Frieda, gibt's manchmal sogar richtigen Kaffee oder Tee.«

Mich durchrieselte ein wonniges Gefühl, als die mir bisher unerreichbar erscheinende Schönheit wie selbstverständlich ihren Arm unter meinen schob und, weil sie kleiner war als ich, mich von unten schelmisch anblinzelte. Dabei fiel mir auf, dass unter ihrer handgestrickten blauen Wollmütze einige Locken ihrer blonden Haare hervorlugten.

In dem einfach, aber gemütlich eingerichteten Café saßen überwiegend Frauen und nur einige verwundete Soldaten aus dem Lazarett, von denen ich einige vom Sehen her kannte. Zielstrebig führte ich meine hübsche Begleiterin auf einen kleinen Tisch am Fenster, an dem sich gerade zwei Frauen von ihren Stühlen erhoben. Kaum saßen wir auf den frei gewordenen Plätzen, da hörte ich die klangvolle Altstimme meiner Begleiterin: »Haben Sie heute erstmals Ausgang erhalten? Übrigens, mein Name ist Lisa.«

»Ja! Danke! Entschuldigen Sie, dass ich mich noch nicht vorgestellt habe. Ich heiße Hans!«

»Das weiß ich doch längst aus Ihrem Steckbrief im Ärztezimmer«, verkündete sie fröhlich, und ich freute mich über ihr unkompliziertes Wesen. »Herr Hans Fackler, möchten Sie mir bitte erzählen, wie Sie aus der sinkenden *Wilhelm Gustloff* lebend herauskamen, obwohl Sie erfrorene Beine hatten und mit Granatsplittern vollgepumpt waren?«

»Muss das unbedingt sein?«, fragte ich leise.

»Aber, nein. Es gibt sicher schönere Themen, über die wir uns unterhalten können. Hatten Sie denn heute etwas Bestimmtes vor?«

Als ich ihr von diesem jungen Schnösel, diesem eingebildeten Laffen von einem Leutnant und seinen Drohungen berichtete, musste sie so laut lachen, dass sich einige der Gäste verwundert nach uns umdrehten und die vor unserem Tisch stehende, schwarz gekleidete »Tante Frieda« fragend zu uns herabschaute.

Lisa blickte lachend zu ihr hinauf: »Tante Frieda! Hast du für uns beide noch jeweils ein Stück von deinem berühmten Apfelkuchen und eine Tasse Kaffee? Das wäre wunderbar.«

»Da habt ihr aber Glück! Ihr bekommt die zwei letzten Stücke. Äpfel habe ich zwar immer genug, aber Mehl ist Mangelware. Gott sei Dank ist unser Herr Kreisleiter eine Naschkatze und verliert hier immer wieder einige Tüten von dieser Kostbarkeit.« Wie erschrocken legte die Frau mittleren Alters einen Finger vor ihren Mund und verließ uns.

»Die arme Frau«, erklärte mir Lisa. »Ihr einziger Sohn war Jagdflieger, ist irgendwo über Süddeutschland abgeschossen worden, und vor vier Wochen ist auch noch ihr Mann an der Italienfront gefallen. Ihr Lebensmut ist bewundernswert. Aber wenn sie hier nicht fortwährend mit ihren Gästen beschäftigt wäre, würde sie wahrscheinlich verzweifeln.«

Rasch wandten wir uns wieder angenehmeren Themen zu, und die Zeit bis zum Einrücken ins Lazarett verging viel zu rasch. Zuvor vereinbarte ich mit Lisa, wo wir uns künftig außerhalb des Lazaretts, aber vielleicht auch innerhalb der Schulmauern treffen würden. Dabei staunte ich, wie gut sie jeden Winkel der beiden zum Lazarett umfunktionierten Gebäude zu kennen schien.

Lisa begleitete mich bis vor die Tür zum Hauptgebäude und schien sich dabei über die neugierigen Blicke der anderen Heimkehrer zu amüsieren, während ich stolz auf meine mögliche Eroberung war. Lisa huschte vor mir ins Haus zu ihren Kolleginnen in das Zimmer, in dem die »Karbolmäuschen«, wie wir die Rotkreuzschwestern nannten, wohnten und schliefen.

Als ich allein an der Pforte vorbeiging, schob ein Unteroffizier, den ich flüchtig kannte, das kleine Schiebefenster zur Seite und rief lachend zu mir heraus: »Heil Hitler! Das wird Folgen haben! Fast alle hier lachen über dein Missgeschick! Dieser Leutnant war nämlich vor dir hier im Haus, um sich über dein unsoldatisches Benehmen zu beschweren!«

Wegen Missachtung des allen Wehrmachtsangehörigen vorgeschriebenen Hitlergrußes wurde ich zu einer dreiwöchigen Ausgangssperre verdonnert.

»Menschenskind, Hans! Wie kann man auch so blöd sein!«, rief unser Zahnarzt belustigt, als auch er von meiner Bestrafung erfuhr. »Der Chefarzt kann doch nicht anders als so zu reagieren. So ein verbohrter politischer Offizier kann ihm andernfalls gehörige Schwierigkeiten bereiten.«

Auch wenn ich während dieser drei Wochen öfter den unbeliebten Dienst in der Pforte schieben musste, verging diese Zeit angenehmer als erwartet. Am letzten Tag erzählten mir einige meiner Kameraden, dass es im Ort eine große Textilfabrik gebe, die aus irgendwelchen Gründen stillgelegt worden sei. Dort habe jedermann freien Zugang zu den noch reichlich vorhandenen, aber zunehmend schwindenden Lagerbeständen.

Nach anfänglichem Zögern beschloss auch ich, meinen großen Rucksack mit einigen dieser kostenlosen Textilien zu füllen, sobald sich dazu Gelegenheit ergeben würde.

Möglicherweise würden sie mir einmal gute Dienste leisten. Mein Gewissen beruhigte ich mit der Beobachtung, dass dieses »Organisieren« mittlerweile überall gebräuchlich geworden war.

Am zweiten Tag meines Hausarrestes saß ich allein in unserem Zimmer, las und hörte Radio, als Lisa zu mir ins Zimmer huschte. Woher hatte sie nur gewusst, dass ich allein war? Leise und mit glucksendem Lachen klärte sie mich auf:

»Hör' zu, Hans! In unserem Büro erfahre ich viele Dinge, die nicht für jedermanns Ohren bestimmt sind. Natürlich weiß ich, dass deine beiden Zimmerkameraden heute draußen sind und ich dich hier besuchen kann.«

Die Zeit, bis ich erstmals mit Heiner zu seiner Mutter fahren konnte, verging auf diese Weise viel angenehmer als vorgesehen, und ich empfand sie dank Lisa keineswegs als Strafe.

Einige Tage, bevor wir fuhren, fragte ich: »Du, Heiner, kann ich bei deiner Mutter meinen vollen Rucksack deponieren? Bei euch wäre er besser aufgehoben als im Lazarett. Ich hab doch Leintücher, Unterwäsche, Hemden Handtücher, gute Stoffe und alles, was später einmal nützlich sein könnte, in dieser Fabrik organisieren können! Jetzt ist dort fast nichts mehr zu holen.«

»Aber selbstverständlich kannst du das. Meiner Mutter hab' ich auch einiges bringen können. Wer kann schon wissen, wofür diese Dinge nach dem Endsieg gut sein können.«

Noch mehrmals fuhr ich mit meinem Zimmerkameraden zu dessen Elternhaus und genoss mit ihm die Fürsorge seiner Mutter und ihre Kochkünste. Meine Splitterwunden waren in der dritten Aprilwoche fast verheilt, als ich am Ende einer Visite erschrak, weil ich den Stabsarzt anordnen hörte:

»Schwester Erika! Vermerken Sie auf Ihrer Liste auch den Gefreiten Hans Fackler als fast wiederhergestellt und fronttauglich.«

Zutiefst beunruhigt sah ich mich schon bei einer der damals willkürlich zusammengewürfelten Kampfeinheiten irgendwo im Einsatz. Mir war inzwischen klar geworden, dass das Gerede über diese angeblichen Wunderwaffen ein Propagandamärchen war und jeder Tote, übrigens nicht nur in unseren deutschen Reihen, einer zu viel und dass dieser so genannte Endkampf völlig sinnlos war. Sollte mich mein bisheriger Glücksstern kurz vor dem Ende doch noch verlassen?

Auf meine Freundin Lisa aber konnte ich mich verlassen. Schon eine Stunde nach der Visite winkte sie mich aus dem Zimmer und flüsterte mir in einer stillen Ecke ins Ohr: »Hans, hier im Haus herrscht in letzter Zeit ein Chaos, das zuvor undenkbar gewesen wäre. Heute konnte ich deinen Namen aus der Liste der kv-geschriebenen Verwundeten streichen. Das wird niemand merken, nicht einmal unser Stabsarzt. Der Mann wird mit jedem Tag nervöser. Sogar die vorgeschriebenen täglichen Visiten delegiert er immer häufiger an einen der anderen Ärzte. Langsam bekomme ich den Eindruck, dass hier jeder tut, was ihm gerade einfällt. Alle versuchen diesem Druck von oben zu entgehen. Bei diesem Wirrwarr fällt niemandem auf, dass du noch hier bist. Die Ärzte sind überfordert. Es herrscht doch ein fortwährendes Kommen und Gehen. Wir werden uns also noch öfter sehen.« Leise lachend huschte sie wieder zurück an ihren Arbeitsplatz.

Wie es Lisa in der folgenden Zeit dreimal gelang, mich wieder von der Liste der Fronttauglichen zu streichen, ist mir heute noch ein Rätsel. Sie erklärte mir nur einmal: »Hans, meine Kollegin macht das doch auch, ohne dass es auffällt. Jetzt nur nicht die Nerven verlieren!«

Das tat ich auch nicht, verhielt mich weiterhin unauffällig, und so wurde es Ende April. In diesen Tagen konnte ich durch puren Zufall einige Schachteln Zigaretten »organisieren«. Denn die Inhaberin des Ladens, in dem ich wegen meines »Grüß Gott« aufgefallen war, war mir sehr wohlgesinnt. Diese Zigaretten tauschte ich bei zwei bettlägerigen Kameraden gegen einen Rucksack, Turnschuhe, eine kurze braune Hose und ein weiß-rot kariertes Hemd.

Dazu bemerkte unser Dr. med. dent anerkennend: »Aha, der kluge Mann baut vor. In diesem Räuberzivil wird in dir kaum jemand einen Angehörigen von Preußens Gloria vermuten.«

Die Amerikaner kamen näher, und es war abzusehen, dass es sich nur noch um Tage handeln konnte, bis sie uns erreichen würden. Nicht nur in unserem Haus, sondern auch in der bisher vom Krieg verschonten Kleinstadt herrschte eine fast greifbare Nervosität. Eines Morgens, kurz nach unserem kargen Frühstück, kam das Übel in anderer Form auf mich zu. Ein junger Sturmführer der Waffen-SS ging in Begleitung eines fremden Stabsarztes von Zimmer zu Zimmer und notierte jeden halbwegs genesenen Mann auf seiner Liste. Heiners Bauchschuss befand der fremde Arzt als noch nicht gut genug verheilt, und wo unser Leutnant Dr. med. dent sei, fragte keiner der beiden. Mich aber brüllte der Sturmführer an: »Weshalb sind Sie denn noch hier? Sie kommen auch mit! Wir werden den Amis Vacha auf keinen Fall kampflos überlassen! Die neu aufgestellte Volkssturmeinheit wird das zu verhindern wissen! Inzwischen steht fest, dass unsere neue Wunderwaffe jeden Tag fertig werden kann! Unsere Gegner werden über ihre Wirkung staunen! So lang müssen wir durchhalten. Raus mit Ihnen!«

Als er zum nächsten Krankenzimmer weitereilte, sah ich sein kantiges Nussknackergesicht einen Augenblick lang im Profil und bekam eine Gänsehaut. So ein dämlicher Eisenfresser hat mir gerade noch gefehlt, dachte ich, bevor ich mich widerwillig auf dem ehemaligen Schulhof zu einem kleinen Häuflein von Männern stellen musste, von denen ich keinen näher kannte. Wir waren von diesem Wunderknaben zur Verteidigung der Stadt angemustert worden. Ein Unteroffizier, der an diesem Tag mit mir am Frühstückstisch gesessen hatte und von dem ich wusste, dass er in Landshut zu Hause war, flüsterte mir ins Ohr: »Dieser Knabe kann mich kreuzweise. Ich verdufte jetzt zu meiner Mutter. Kommst du mit? Das kann zwar riskant werden, aber gelingen. Für alle Fälle habe ich meine Pistole noch.«

Ich nickte zustimmend. Wir wollten uns gerade entfernen, da kam der Sturmführer zu uns auf den Hof zurück und rief: »Alle antreten! Abzählen!«

Das klappte natürlich, wie es uns eingedrillt war. Danach stellte der forsche SS-Offizier enttäuscht fest: »Was? Nur 15 fronterfahrene Männer?« Dann straffte er seine schlanke Gestalt und befahl: »Alle mitkommen!«

Am Haupteingang standen zwei etwa 15, vielleicht auch schon 16 Jahre alte HJ-Buben mit schwarzen Winteruniformen und umgehängten Karabinern. Und vor dem Haus wartete eine schwer zu schätzende Anzahl von Angehörigen des sogenannten Volkssturms. Das waren zumeist ältere Männer mit weißen Armbinden an den Ärmeln ihrer Zivilkleidung und dazu mindestens hundert HJ-Jungen.

»So einen Haufen von Helden hab' ich bisher noch nicht gesehen«, spottete der mir kaum bekannte Unteroffizier neben mir.

Der Sturmführer aber rief befehlsgewohnt: »Alles mal herhören! Ihr seid die 1. Kompanie des 1. Bataillons des Volkssturms von Vacha und ich der Kompaniechef! Wir haben den Auftrag, draußen im Westen vor der Stadt eine

Verteidigungsanlage mit Panzersperren zu errichten! Das nötige Werkzeug haben Pferdefuhrwerke schon an Ort und Stelle gebracht. Panzerabwehrwaffen, Karabiner und Munition sind auch vorhanden. Stillgestanden!«

Es war erstaunlich, wie gut auch das klappte. »Im Gleichschritt – Marsch!«

Selbst dies funktionierte besser, als ich es erwartet hatte, aber ich bezweifelte, dass unsere Marschkolonne einen sehr wehrhaften Eindruck vermittelte. Zugebenermaßen war die Stelle, an der wir eine Panzersperre und Schützengräben errichten sollten, gut gewählt. Mir wurde ein Spaten in die Hand gedrückt, und ich begann neben anderen lustlos zu graben.

Gegen Mittag brachte ein Pferdegespann in einer Gulaschkanone der Wehrmacht einen Kessel mit Kartoffelsuppe. Da ich ein komplettes Kochgeschirr besaß, war es für mich leichter als für die zwangsverpflichteten Zivilisten, die nur noch lauwarme, aber schmackhafte Suppe zu löffeln.

Während ich am Nachmittag wieder zu graben begann, wurden die Schmerzen in meinem rechten Unterarm immer heftiger, Hand und Unterarm schwollen an, und ich konnte den Spaten kaum noch halten. Als ich dies unserem »Kompaniechef« zeigte, schickte er mich mit deutlichem Widerwillen zurück ins Lazarett.

Dort erwartete mich eine Überraschung anderer Art. Die Pforte war unbesetzt, aber durch die geöffnete Tür des Ärztezimmers konnte ich sehen, wie unser nervös aussehender Stabsarzt den anderen Ärzten irgendwelche Anweisungen erteilte.

Ob Lisa auf mich gewartet hatte, ist mir heute noch unklar. Jedenfalls kam sie mir auf dem Weg zu meiner Bleibe im Hof entgegengeeilt, drückte mir einen flüchtigen Kuss auf die Lippen und flüsterte leise und aufgeregt: »Hans, spätestens morgen sind die Amerikaner hier! Dieser Volkssturm wird sich hoffentlich in Wohlgefallen auflösen, damit nicht unnötig geschossen wird. Mach's gut! Ich werde mit den anderen Schwestern in unseren Zimmern abwarten, was passiert.«

Sie winkte mir noch einmal zu und ließ mich ratlos zurück. Wie werden sich denn die Amis Frauen gegenüber verhalten?, fragte ich mich. Es sind zwar keine Russen, aber eben auch Soldaten.

Im Zimmer Nr. 3 des Hauses 5/6 empfing mich der Zahnarzt sichtlich erfreut. »Gott sei Dank bin ich nicht mehr allein. Heiner hat es richtig gemacht. Er ist vielleicht schon bei seiner Mutter. Den entscheidenden morgigen Tag können wir beide hier hoffentlich gut überstehen. Spinnt dieser Sturmführer immer noch so? Könnte es am Ende noch Zunder geben?«

»Das weiß ich nicht. Aber ich habe den Eindruck, dass sich heute Nacht viele davonschleichen werden. Und wer kann schon wissen, ob dieser Herr Kompaniechef tatsächlich so kampfentschlossen ist, wie er sich hier gegeben hat?«

»Hoffentlich nicht, Hans.« Mein Dr. med. dent. deutete nun auf eine kleine Kiste neben seinem Bett und meinte amüsiert: »Das hat mir der Herr Stabsarzt überlassen: frisches Kommissbrot, Kekse, Zwieback, Hartwürste, Konserven, drei Flaschen Moselwein und eine Flasche Sekt. Hab' ihn nicht gefragt, woher diese Schätze stammen. Jetzt freuen sie mich erst richtig, weil ich sie nicht allein vernaschen muss. Für die Amis werden wir sie jedenfalls nicht aufheben, sondern den heutigen Abend vor einem ungewissen Morgen zusammen genießen.«

Er bemerkte meinen sorgenvollen Blick auf meinen immer noch stark angeschwollenen Arm, schien aber deshalb nicht beunruhigt zu sein und meinte: »Halte das unter den kalten Wasserstrahl am Waschbecken. Kühlung ist bei so einer Schwellung immer gut. Seife haben wir auch noch. Wenn du dich gewaschen hast, werden wir uns diesen Schlemmereien widmen und dabei den Lügenmärchen der Frontberichte aus dem Volksempfänger lauschen. Lange werden uns die Nachrichtensprecher diesen Quatsch ohnehin nicht mehr vorlesen.«

Wir speisten genussvoll, unterhielten uns bis in die späte Nacht hinein und hofften, dass dieser Schnösel von einem Kompaniechef morgen kein Unheil anrichten, sondern auch sich selbst in Sicherheit bringen würde. Wir wussten längst, dass sich die Amerikaner schon beim geringsten Widerstand mit Flugzeugen und Artillerie den Weg freischossen, bevor sie ihre Soldaten opferten. Gegen Mitternacht schliefen wir gesättigt und – jedenfalls ich – stark angeheitert ein.

Die Küche im Haus funktionierte noch in gewohnter Weise. Weil ich am Morgen aber noch nicht hungrig war, überließ ich meine Ration den Tischgenossen. Die Stimmung im Speisesaal war gedrückt. Leises Stimmengemurmel war zu hören. Nur einmal verstand ich deutlich: »Ob dieser Spinner von einem Sturmführer etwa mit einer Panzerabwehrwaffe losballert?«

»Nein, Herbert war schon mit seinem Feldstecher unterwegs. Weder der Sturmführer noch sonst jemand war an dieser halb fertigen Anlage vor der Stadt zu sehen.«

»Das ist immerhin ein guter Anfang!«

Die Stunden vergingen in angespannter, erwartungsvoller Stille, in der nur mehrmals das Brummen eines amerikanischen Aufklärungsflugzeugs am Himmel zu hören war. Weil wir beide in unserem Haus ein wenig abgelegen wohnten, standen der Herr Leutnant Dr. med. dent. und ich jetzt an einem der geöffneten Fenster des Hauptgebäudes, von dem aus man zur Straße hinabschauen konnte.

Weit und breit war kein einziger deutscher Verteidiger zu sehen, und ich hörte, wie Herr Dr. med. dent neben mir erleichtert aufatmete. Kurz danach hörten wir näherkommende, manchmal stoßweise dröhnende Motoren und das Quietschen und Klirren von Panzerketten. Vereinzelt knallten einige Gewehrschüsse. Zwei, drei Minuten später sahen wir den ersten Sherman-Panzer, nur wenige Meter hinter ihm den zweiten und danach einen hinter dem anderen langsam auf der Straße heranrollen. Amerikanische Infanteristen in ihren braunen Kampfanzügen folgten ihnen vorsichtig und mit ihren Handfeuerwaffen nach allen Seiten sichernd. Jetzt erst traten wir vom Fenster zurück, und ich meinte: »Den Rest des Endsieges können wir auch in unserem Zimmer abwarten.«

»Ja Hans! Damit hast du nicht unrecht. Jedenfalls bedeutet der heutige Tag für uns alle hier das Ende des Größenwahns der Nazis.«

Bevor wir in unser Zimmer traten, rief unser Zahnarzt laut: »Lasst alle eure Türen offen! Hab' gehört, dass die Amis sehr nervös sein sollen.«

»Kein Wunder!«, rief einer am Ende des Flurs. »Wahrscheinlich haben sie schlechte Erfahrungen mit fanatischen Volkssturmmännern, dem unlängst erfundenen Werwolf und wer weiß mit wem auch immer gemacht.«

Nach ungefähr 20 Minuten wurde die Haustür aufgerissen, und ein dunkelhäutiger Amerikaner kniete, das Gewehr im Anschlag, vor der Tür. Ein zweiter Afro-Amerikaner mit einer schweren Armeepistole in der Hand ging an ihm vorbei, blickte sich vorsichtig um, lehnte sich an die Wand und sicherte mit seiner Waffe in alle Richtungen. Danach rief er irgendetwas über seine Schulter zurück, und nun folgten mehrere Amerikaner, die sich auf leisen Gummisohlen unter ihren braunen, halblangen Schnürstiefeln fast lautlos bewegten.

Ein weißer, blasser, aber hünenhafter Amerikaner mit rötlichem, kurz gestutztem Oberlippenbart lehnte sich an unseren Türrahmen und beobachte seinen Kameraden, der den Deckel der Kiste neben dem Bett des Zahnarztes hochhob, eine der leeren Weinflaschen ergriff und diese so wütend zu den anderen zurückschleuderte, dass Glassplitter durchs Zimmer flogen.

»Wo sein dritter Mann?«, fragte der Hüne an der Tür, der seinen Stahlhelm so weit aus der Stirn geschoben hatte, dass sein rotblonder Haaransatz darunter hervorlugte.

»Bei Mama«, antwortete der Herr Doktor.

Mir war längst schon aufgefallen, dass jeder der Eroberer teils aufgeregt, andere anscheinend so ruhig wie die Kühe im Stall auf irgendetwas herumkauten. Der Leutnant Dr. med. dent. erklärte mir später, dass sie Kaugummi kauten. Eines aber hatten sie alle gemeinsam: Jeder von ihnen musterte uns mit strengen, unfreundlichen Blicken. Wahrscheinlich betrachteten sie uns alle als »nazi-boys«.

Vor allem aber fiel mir auf, dass keiner dieser Soldaten aus Übersee unterernährt war. Im Gegenteil! Ein rundlicher Amerikaner kam jetzt zur Tür herein, hielt eine Pistole mit ungewöhnlich langem Lauf in der Hand und rief in gebrochenem Deutsch: »Alle mitkommen! In groß Haus sein Platz für euch! Hier wohnen wir!«

Mit einem bedauernden Blick auf unsere bisherige Bleibe mussten wir diese Aufforderung befolgen. Innerhalb weniger Minuten waren alle Zimmer geräumt, wobei jeder seine wenigen persönlichen Dinge mitnehmen konnte. Wir waren alle gehfähig. Im Gänsemarsch mussten wir den Hof überqueren. Kurz vor der Hintertür zum Haupthaus kamen wir an einigen Hitlerbildern vorbei, die angehäuft am Boden lagen. Zuvor hatten es nur wenige gewagt, diese einheitlichen Abbildungen von den Wänden zu nehmen, weil dies von den Staatsorganen streng geahndet wurde und auf eine ungenügende deutsche Gesinnung hinwies. Erst in letzter Minute hatten die Leute diese Bilder abgenommen und hier auf den Hof geworfen, damit die Amerikaner sie nicht bei ihnen vorfinden konnten und dabei falsche Schlüsse ziehen würden.

Hubert, ein etwa 20 Jahre alter Lazarettinsasse aus Zimmer sechs war wegen eines Kopfschusses zeitweilig nicht ganz zurechnungsfähig und redete manchmal wirres Zeug. Als er an den Bildern vorbei ging, hob er lächelnd wie ein Kind seinen Arm und murmelte dabei »Heil Hitler«.

Der Amerikaner, der ihm am nächsten stand, rief laut: »Damned Nazi!« und schlug ihm dabei seinen Gewehrkolben so heftig in den Rücken, dass der Getroffene aufstöhnend zu Boden sank. Unser Dr. med. dent trat hinter Hubert, hob ihn hoch und erklärte dem erbosten Bewacher in gut klingendem Oxfordenglisch: »Der Junge ist am Kopf verletzt und weiß manchmal nicht, was er tut.«

»Go on!«, rief der GI, ohne diese Erklärung als Entschuldigung gelten zu lassen.

Im Haus erfuhren wir, dass ein amerikanischer Arzt zusammen mit unserem Stabsarzt die gesünderen unter uns Gefangenen auswählte. Es war verwunderlich, wie viele unser Stabsarzt vor der Front hatte bewahren können. Mir kam nunmehr zugute, dass mein Arm wieder dick angeschwollen war.

»Wohin kommen die?«, fragte ich meinen Nachbarn.

»Weiß ich auch nicht genau. Habe aber gehört, dass sie in ein großes Gefangenenlager bei Hersfeld gebracht werden. Dort soll es nicht sehr human zugehen. Gesunde Kameraden sollen sogar als Arbeitskräfte in die USA oder nach Frankreich gebracht werden.«

»Woher willst du denn das wissen?«

»Na woher wohl? Die Buschtrommel funktioniert gerade in unserer glorreichen Zeit ganz gut.«

Während der folgenden Tage änderte sich für uns nicht viel, aber wir wunderten uns darüber, dass unsere Befreier, die Amerikaner, keinerlei Anstalten machten, weiter vorzurücken.

»Was ist denn mit denen los?«, fragte mich der Unteroffizier aus Landshut, mit dem ich gern »verduftet« wäre. »Jetzt hab' ich meine gute 08 dort hinten über den Zaun ins Gebüsch geschmissen, damit ich ja nicht in Versuchung komme, ihren Vormarsch aufzuhalten, und jetzt scheinen sich diese kampferprobten Brüder aus den USA auszuruhen.«

»Keine Ahnung! Mir ist das auch ein Rätsel.«

Im Haus wurde es immer ruhiger. Die Transporte nach Hersfeld wurden seltener. Weil aber die Schwellung an meinem Unterarm zurückging, meinte unser Dr. med. dent. zu mir: »Hans, jetzt könnte es dich auch einmal treffen. Meine Person scheint nach wie vor untauglich zu sein. Wenn du nichts dagegen hast, hole ich dir den letzten Splitter aus dem Arm, wenn unser Stabsarzt dies erlaubt. Dann bist du wieder verwundet, obwohl auch das schnell verheilen wird.«

Ohne zu zögern willigte ich ein.

Schon nach wenigen Minuten kam Fritz, wie ich ihn inzwischen nennen durfte, grinsend vom Stabsarzt zurück. »Hans, der hat nichts dagegen, wenn wir den OP benutzen. So locker sind hier die Sitten inzwischen geworden. Fast alle Ärzte sind schon verschwunden. Aber auch ein Zahnmediziner kennt die menschliche Anatomie. Nun muss ich nur noch einen Narkosearzt finden, weil der Anästhesist auch abgehauen ist.«

Er blickte kurz um sich und ergriff dabei einen vorübergehenden Mann am Ärmel: »Sie waren doch früher Sani, nicht wahr?«

»Ja! Warum?«

»Ich brauche jemanden, der eine Narkose für einen harmlosen Eingriff durchführen kann.«

»Wenn's sonst nichts ist«, erwiderte der mir flüchtig Bekannte.

»Na, Hans, dann wollen wir das gleich morgen nach dem Frühstück hinter uns bringen. Du musst natürlich nüchtern bleiben, damit du die Äthernarkose vertragen kannst.«

Zweimal in der folgenden Nacht erwachte ich und fragte mich, ob meine Entscheidung richtig war. Aber Fritz zerstreute am Morgen alle meine Bedenken. »Ach was denn. Das ist wirklich eine Kleinigkeit, sonst hätte mein humanmedizinischer Kollege nicht zugestimmt. Und dass unsere Frontsanitäter alle mit Narkosemitteln umgehen können, wirst du ja längst schon erfahren haben. Jetzt komm schon.«

Um acht Uhr beförderte mich der Helfer von Fritz mit Äther ins Reich der Träume, und ungefähr um neun Uhr lachte mich Fritz an: »Na, da bist du ja wieder. Dieser Splitter ist zwischen deiner Elle und Speiche durchgefahren und dann stecken geblieben. Deine dicken Handschuhe haben ihn wahrscheinlich abgebremst. War wirklich keine große Sache. Der Schnitt an der Innenseite deines Armes ist wahrscheinlich etwas länger geworden, als dies bei einem Profi der Fall geworden wäre. Schwamm drüber! Mit dem noch vorhandenen Verbandsmaterial habe ich natürlich nicht gespart, damit es optisch nach etwas aussieht und dich der Ami-Arzt nicht aussortiert.«

Mein Anästhesist saß rauchend in einer Ecke des kaum noch benützten OPs und hörte belustigt zu. Plötzlich wurde er ernst, denn auch er hörte Fritz sagen: »Hans, ich werde heute auch von hier verschwinden, weil ich befürchten muss, dass die Amerikaner mich doch noch verschleppen. Unsere Ärzte werden überwiegend das Gleiche tun, und es ist erstaunlich, dass die Amis das dulden. Das weiß ich vom Stabsarzt. Deine Freundin ist aber eine Meisterin im Pflegen frischer Wunden und wird das bei dir besonders sorgfältig tun. Das hat sie mir versprochen.«

Meine neue Schnittverletzung war wirklich nur eine Lappalie und verheilte rasch. Was aber nicht nur mich sehr störte, war die Tatsache, dass wir Gefangene waren und uns die amerikanischen Posten dies des Öfteren klar machten. Sie saßen zwar zumeist lässig-rauchend auf Stühlen vor dem Haus und auch an zwei Stellen im Hof am Zaun vor der dahinter beginnenden Buschlandschaft, aber zweimal schossen sie zu uns herauf, weil sich einer von uns ihrer Ansicht nach zu weit aus dem Fenster lehnte. Wenn wir im Gänsemarsch den Hof umrunden und frische Luft schöpfen durften, standen sie mit ihren Gewehren im Anschlag und beobachteten unsere Schritte misstrauisch. Dennoch gelang es uns, den Zaun an einer Stelle so zu präparieren, dass man ihn fast mühelos hochheben konnte, um darunter durchzukriechen. Heute noch bin ich einigen meiner kaum gehfähigen Kameraden dafür dankbar, dass sie mich und zwei andere vor den Blicken der Wachen verbargen, indem sie vortäuschten, Wasser lassen zu müssen.

Die Amis machten sich wahrscheinlich einen Spaß daraus, uns bei jeder Gelegenheit ihre kaum angerauchten Zigaretten vor die Füße zu schnippen. Manchmal schämte ich mich für meine Kameraden, wenn sie sich hastig danach bückten. Natürlich hätte ich auch gern wieder geraucht, aber dieses Schauspiel gönnte ich diesen ansonsten so unfreundlichen GIs nicht.

Flucht oder russische Gefangenschaft

An einem der ersten Tage im Juni teilte mir Lisa aufgeregt mit: »Hans! Übermorgen oder vielleicht schon morgen wird das Lazarett hier an die Russen übergeben. Man spricht davon, dass die Amerikaner Thüringen räumen wollen. Wenn du wirklich abhauen willst, dann wird es jetzt allerhöchste Zeit für dich.«

»Danke Lisa. Dann muss ich es eben schon heute Nacht versuchen, unbemerkt von hier zu verschwinden. Was aber machst du?«

Lisa drückte mir fest die Hand, und ich bemerkte, wie sie dabei die Tränen unterdrückte: »Ich kann heute Nachmittag mit diesem amerikanischen Major in seinem Jeep nach Bayern fahren. Dir aber wünsche ich alles Gute und vor allem Glück! Das wirst du brauchen.«

Sie winkte mir noch einmal zu, wandte sich um und entfernte sich mit hastigen Schritten. So ist das also, dachte ich ernüchtert und begann sogleich damit, meine Fluchtpläne zu verwirklichen. Jetzt galt es, keine Zeit mehr zu verlieren!

Innerhalb des Hauses konnten wir uns nach wie vor frei bewegen. Als Erstes schlüpfte ich in mein rot-kariertes Hemd und die kurze braune Hose, die handgestrickten Schafwollsocken und die Turnschuhe. Danach überzeugte mich ein kurzer Blick in den großen Spiegel unseres Schlafsaals, dass hinter diesem Räuberzivil kaum jemand einen Angehörigen der Wehrmacht vermuten würde. Rasch verstaute ich mein Wasch- und Rasierzeug, etwas

Unterwäsche und das letzte Hemd, das ich vor der Ankunft der Amis in der aufgelassenen Textilfabrik noch hatte finden können. Mit diesen wenigen Habseligkeiten im Rucksack schlenderte ich möglichst unauffällig durchs Haus.

Zum ehemaligen Gymnasium gehörte auch eine Turnhalle, von der eine stets abgesperrte Tür in den Schulhof führte. Die Halle war bisher für Gymnastikübungen Genesender benützt worden. Dort traf ich einen mir vom Sehen her bekannten Unteroffizier, der ähnlich wie ich gekleidet war und sich angeregt mit dem alten Hausmeister unterhielt. Während ich mich den beiden näherte, musterten sie mich mit abschätzenden Blicken. Der ähnlich wie ich gekleidete Soldat fragte mich leise: »Hast du etwa das Gleiche wie ich im Sinn?«

»Wahrscheinlich schon.«

»Hast du auch gehört, dass das Lazarett morgen an die Russen übergeben werden soll und dass die ganz Thüringen besetzen werden?«

»Ja.«

»Wohin möchtest du denn? Übrigens heiße ich Franz.«

»Und ich Hans. Nach München möchte ich gern. Weiß aber noch nicht, wie ich hier herauskommen kann.«

Meine zuletzt gemachte Bemerkung schien er überhört zu haben, denn er meinte aufgeregt: »Du! Ich bin aus Pocking bei Passau. Wollen wir zwei uns zusammentun?«

»Gern! Aber sag mir zuerst, wie wir hinausgelangen können.«

An dieser Stelle mischte sich der Hausmeister gütig lächelnd in unsere Unterredung ein: »Das ist längst geklärt. Heute Nacht um elf Uhr werde ich nicht nur für einen, sondern für euch beide diese Tür hier aufsperren. Hoffentlich ist es bis dahin dunkel genug. Sollten aber die beiden Wachposten auf ihren Stühlen ausnahmsweise einmal nicht schlafen, dann müsst ihr behaupten, dass ihr mir den Schlüssel geklaut habt. Den leg ich nämlich hinter euch draußen so lange vor die Tür, bis ihr drüben unterm Zaun durchgekrochen seid. Das sollte möglichst schnell gehen.«

Nun konnte ich nicht anders. Mit beiden Händen drückte ich die Hand des Alten und bedankte mich überschwänglich. Dann fiel mir ein, dass unser Chefarzt nicht mehr im Haus war und ich an einer Wand in seinem Zimmer eine scheinbar sehr gute Landkarte gesehen hatte. Franz und ich waren schon wieder an der Tür zum Flur, als ich ihm dies mitteilte.

»Menschenskind, Hans! Die musst du unbedingt holen. Ich hab' nämlich noch meinen Kompass. Und zusammen mit dieser Karte können wir querfeldein marschieren und den Amis oder vielleicht bald schon den Russen aus dem Weg gehen.«

»Franz, ich hole dieses nützliche Stück sofort!«

Weil fast alle der noch im Haus zurückgebliebenen Kameraden noch nicht gehfähig waren, begegnete ich auf dem Weg zum Zimmer unseres Chefarztes nur einem hinkenden Landser, der mich ein wenig erstaunt musterte, mir aber sofort viel Glück wünschte. Das Chefarztzimmer fand ich unverschlossen vor. Innerhalb weniger Minuten hatte ich die Reißnägel, mit der die Karte befestigt war, aus der Wand gezogen und die anscheinend sehr genaue Landkarte von Thüringen und den südlich davon gelegenen Landesteilen zusammengefaltet und in meinem Rucksack verstaut.

Nur sehr wenige unserer Kameraden wussten von unserem Fluchtplan, aber diese wenigen drückten uns zum Abschied die Hand, wünschten uns Glück und einige bedauerten, dass sie noch nicht weit genug gehen konnten, um sich uns anzuschließen. Zur vereinbarten Zeit wartete unten in der unbeleuchteten Turnhalle der Hausmeister und flüsterte uns zwei Ausreißern zu: »Es ist leider mondhell. Ich beobachte diese beiden Posten schon mindestens eine Stunde lang. Anfangs glühten immer wieder ihre Zigaretten, aber seit etwa zwanzig Minuten ist davon nichts mehr zu sehen. Die Tür ist schon offen.« Er klopfte uns beiden beruhigend auf die Schulter: »Macht's gut, ihr zwei. Alles bleibt wie besprochen. Lasst euch nur nicht von diesen Kerlen erwischen. Ich drücke euch so lange die Daumen!«

Es knirschte laut durch die mondhelle, windstille Sommernacht, als wir den ersten Schritt auf dem kiesigen Schulhof machten. Franz an meiner Seite schien dies genau wie ich zu empfinden, und wir legten uns wie abgemacht auf den Boden. Jedem von uns war bewusst, dass die beiden Wachposten uns nicht übersehen konnten, falls sie entgegen der Aussage des hilfsbereiten Hausmeisters doch nicht schlafen sollten. Beide wussten wir, dass vor uns eine circa 50 Meter lange, kiesige Fläche lag, die wir ungesehen überwinden mussten, und dass wir dabei wie auf dem Präsentierteller lagen. Auf Zehenspitzen und Ellenbogen robbten wir möglichst lautlos vorwärts, wobei mein Nachbar mit seinem kleinen Koffer ein sportliches Meisterstück vollbrachte.

War ich das selbst oder war es Franz neben mir? Jedenfalls glaubte ich, dass unser Keuchen kaum zu überhören war. Kalter Schweiß brach aus allen meinen Poren, tropfte von der Stirn und brannte in den Augen. Wir wussten beide, dass die Posten nicht lange fackeln, sondern sofort schießen würden, wenn wir ihre Aufmerksamkeit erregten. Erst jetzt wurde mir bewusst, was für ein Risiko wir beide eingegangen waren, um den Russen zu entgehen und den Amis zu entkommen. Jetzt gab es kein Zurück mehr.

Endlich erreichten wir den schmalen, grasbewachsenen Streifen vor dem Maschendrahtzaun genau an der Stelle, an der wir schon Tage zuvor ein etwa drei Meter langes Zaunstück präpariert hatten. Als ich es für Franz anhob, damit er durchkriechen konnte, ertönte ein leise schwirrendes Geräusch, das sich entlang des Zaunes fortzupflanzen schien und mir in der nächtlichen Stille verräterisch laut erschien. Als ich an der Reihe war, durch den jetzt von Franz freigehaltenen Spalt unter dem Zaun hindurchzuschlüpfen, blieb ich mit meinem Rucksack hängen. Doch Franz konnte mich mit einem einzigen Handgriff wieder befreien.

Wir waren zwar draußen, aber noch längst nicht in Sicherheit. Franz trug jetzt seinen kleinen Koffer in einer Hand, und ich konnte sehen, wie er sich mit der anderen Schweißperlen von der Stirn wischte. Ohne zu zögern huschten wir fast lautlos zwischen einigen Büschen hindurch ein Stück weit auf grasigem Untergrund in die mondhelle Nacht hinaus. Nach einigen Minuten waren wir außerhalb der Sichtweite der Posten und sanken ermattet mit vor Anstrengung, aber auch vor Angst wild klopfenden Herzen zu Boden.

»Das ist schon mal gut gegangen!«, keuchte Franz.

Dazu konnte ich lediglich nicken. Mindestens zehn Minuten brauchten wir, um uns zu erholen. Danach kamen wir flüsternd überein, uns rasch aus der Gefahrenzone zu entfernen. Der Marschkompass von Franz erwies sich sogleich als nützlich und wies uns die Richtung nach Süden. Mit jedem Schritt über gemähte Wiesen, dann über einen schnurgerade südwärts führenden Waldweg wich unsere Todesangst und machte einer aufmerksamen Vorsicht Platz, wobei jeder von uns wie scheues Wild nach allen Seiten sicherte. Es mochte gegen drei Uhr gewesen sein, als der Morgen graute und wir eine einsame Hütte erreichten, die mit frischem, duftendem Heu bis fast unter das Dach angefüllt war.

»Das ist doch wie für uns beide geschaffen«, meinte Franz fröhlich.

»So sehe ich das auch«, antwortete ich, und schon lagen wir im Heu.

»Hoffentlich räumen die Amis Thüringen nicht so schnell, dass uns hier die Russen noch erwischen«, murmelte Franz, der seine Augen kaum noch offen halten konnte.

Mir erging es nicht besser, aber ich entgegnete ihm hoffnungsfroh: »Franz, so weit ist es doch nicht bis zur bayerischen Grenze. Bayern soll doch amerikanische Besatzungszone sein. Schon vor Kriegsende haben die Alliierten ausgemacht, Deutschland unter sich in vier Besatzungszonen aufzuteilen. Unser Zahnarzt-Leutnant in Vacha hat das felsenfest behauptet. Woher er das wusste, kann ich dir leider nicht sagen.«

»Vielleicht hat er heimlich Radio London gehört. Jetzt aber müssen wir beide ein wenig schlafen.«

Zwei, drei Minuten später verrieten mir seine regelmäßigen Atemzüge, dass er schon schlief, bevor auch ich einschlummerte. Als ich erwachte, weil Franz neben mir sich aufrichtete, stand die Sonne schon hoch am Himmel. Vor der Hütte nordeten wir unsere Karte ein und konnten feststellen, dass wir vielleicht noch drei Kilometer von einer kleinen Ortschaft entfernt waren, deren Namen ich vergessen habe. Wozu hätte ich ihn mir auch merken sollen? Wir wollten beide nur nach Hause, alles andere war unwichtig.

Wir konnten schon die Dächer des Bauerndorfes vor uns erkennen, als wir mit zwei älteren Frauen und einem jungen Mädchen ins Gespräch kamen. Die drei wendeten mit Rechen Heu auf einer Wiese, damit die Sonne das gemähte Gras auch von der anderen Seite trocknen konnte. Mähmaschinen oder mechanische Heuwender gab es zwar bereits, sie waren 1945 aber noch nicht sehr verbreitet. Auch auf der Wiese, bei der wir jetzt mit den Frauen standen, sah man deutlich die krummen Schnittspuren der Sensen im Gras.

Unsere Frage war rasch beantwortet: »Bei uns im Dorf gibt's keine Amis. Nur im Nachbardorf. Wir haben heute früh gehört, dass sie im Aufbruch begriffen sind, um unser Land den Russen zu überlassen. Wisst ihr zwei etwa mehr?«

»Leider auch nicht!«, meinte Franz achselzuckend, und ich tat dasselbe, bevor ich anfügte:

»Aber ein Freund von mir in Vacha will als sicher erfahren haben, dass die Amis Thüringen den Russen übergeben müssen.«

Eine der beiden älteren Frauen begann daraufhin laut zu schluchzen und war kaum zu verstehen: »Mein Mann und Jürgen, mein Sohn, sind schon in russischer Gefangenschaft. Wenn die Russen jetzt auch noch hierher kommen, was soll dann werden?«

Die zweite der beiden Frauen war etwas gefasster und erzählte, dass ihr Sohn vermisst sei und ihr Mann wohl bald aus einem Lazarett in Ulm entlassen werde. »Wenn er wieder zu Hause ist, brauche ich unseren alten Nachbarn nicht mehr um jeden Handgriff zu bitten, den ich nicht selbst verrichten kann.«

»Könnt ihr beide uns nicht ein wenig bei der Heuarbeit helfen?«, fragte uns das junge Mädchen.

Franz antwortete für uns beide: »Unter anderen Umständen jederzeit gern. Wir beide sind aber auf der Flucht vor den Amerikanern und natürlich erst recht vor den Russen. Wir sind seit heute auf dem Heimweg nach Bayern. Hoffentlich erwischen sie uns nicht. Wir können uns hier nicht lange aufhalten. Das werdet ihr doch sicher verstehen.«

»Aber ja doch«, antwortete die Frau, die auf die Rückkehr ihres Mannes wartete. »Wir wollten soeben zurück ins Dorf gehen. Heute kocht meine Tochter für uns alle. Es gibt Thüringer Klöße und Schweinebraten. Wir haben doch vorgestern geschlachtet. Obwohl wir einen Teil der Sau mit den bei uns einquartierten Flüchtlingen teilen mussten, ist genug für uns übrig. Kommt mit, Jungs!«

Hungrig wie wir beide es waren, folgten wir dieser Einladung gern. Wir bedauerten zwar aufrichtig, den Frauen bei ihrer Arbeit nicht helfen zu können, aber wir konnten es weder riskieren, den Russen in die Hände zu fallen, noch in ein amerikanisches Kriegsgefangenenlager zu kommen.

Als wir gut gesättigt wieder unterwegs waren, meinte Franz zuversichtlich: »Hans, wenn wir weiterhin nur abseits der Straßen bleiben und besetzte Ortschaften umgehen, müssten wir es eigentlich schaffen.«

»Doch, doch Franz. Und wenn wir immer wieder so hilfsbereite Menschen treffen wie heute, dann haben wir noch größere Chancen.«

»Das ist sehr wahrscheinlich. Arme Menschen sind meistens auch hilfsbereit. Und zur Zeit treffen wir überwiegend arme Menschen.«

»Das stimmt wohl. Aber was die Nazis aus unserem Land gemacht haben, ist fürchterlich.«

»Wahrscheinlich wollten sie das nicht, aber schuld an dieser Misere sind sie trotzdem. Hans, auch in unseren Tagen ist es wie schon immer: Die Großen bauen Mist, und die kleinen Leute müssen es ausbaden.«

Franz peilte mit seinem Kompass einen Kirchturm im Südosten an, der zu einem Ort gehörte, in dem angeblich noch Amerikaner waren. »Dann müssen wir dieses Dorf eben umgehen«, knurrte mein Weggefährte, bevor wir wieder weitermarschierten.

Am Abend stellten wir fest, dass wir nur etwa 20 Kilometer in Richtung auf die bayerische Grenze geschafft hatten. Aber bei den uns aufgezwungenen Umwegen und weil wir nicht wagen durften, auf Straßen zu gehen, war das nicht weiter entmutigend.

Während der folgenden Tage freuten wir uns immer wieder über die Gastfreundschaft, mit der wir wie selbstverständlich aufgenommen und bewirtet wurden. Nur einmal stießen wir bei unserer Herbergssuche auf Ablehnung und gingen unverrichteter Dinge weiter. Wir mussten nicht ein einziges Mal im Heu oder Stroh übernachten, sondern durften in den Betten von noch nicht aus dem Krieg zurückgekehrten oder gefallenen Vätern, Söhnen oder Brüdern schlafen.

Heute vermag ich beim besten Willen nicht mehr genau zu sagen, wie viele Tage wir benötigten, bis wir gegen Mittag an einem sonnigen Sommertag die Grenze nach Bayern erreichten. Hier erwartete uns ein überraschendes und anscheinend unüberwindbares Hindernis. Vor uns auf den Wiesen und auch in dem von uns sehr vorsichtig erkundeten Wald lagerten in Zelten amerikanische Soldaten zwischen ihren Panzern und anderen Fahrzeugen.

»Verdammter Mist!«, schimpfte ich. »Damit konnten wir doch nicht rechnen, dass so viele Amis in Thüringen waren. Aber irgendwo muss es doch eine Lücke geben, durch wir nachts durchschlüpfen können.«

»Hier? Keine Chance«, meinte Franz resigniert. »Hans, wir müssen wahrscheinlich wieder einen kilometerlangen Umweg machen.«

An dieser Stelle unterbrach er sich und begann er zu grinsen. Er deutete auf einen alten Mann mit dichten, schlohweißen Haaren, der auf einer Wiese am Waldrand rechts von uns auf dem kleinen Metallsitz einer von einem Pferd gezogenen Mähmaschine saß und sein Zugtier hin und wieder mit aufmunternden Rufen zu einer rascheren Gangart ermunterte. »Scheint ein reicher Bauer zu sein. Wenn der bei uns vorbeikommt, können wir ihn um Rat fragen. Vielleicht kann er uns sogar verraten, wo wir über die Grenze können.«

Zehn Minuten später standen wir gut verborgen vor amerikanischen Blicken hinter dem Wagen neben dem Bauern. Er musterte uns freundlich mit seinen dunkelbraunen Augen.

»Rüber wollt ihr zwei?« Er kratzte sich nachdenklich hinter dem Ohr und schielte dabei hinüber zu den Zelten der Amerikaner am Ende der Wiese, vor denen die GIs teilweise mit nackten Oberkörpern Football oder Schlagball spielten oder sich faul in der Sonne räkelten. »Diese Wiese hier gehört zu meinem Hof dort drüben, und sie lassen mich anstandslos herüber, um sie zu bewirtschaften.« Dabei deutete er kurz auf das größere der beiden landwirtschaftlichen Anwesen, die wir von unserem Standort aus sehen konnten. Nun kniff er die Augen zu schmalen Schlitzen zusammen und blickte angespannt zu der Stelle, an der ein amerikanischer Posten auf einem Stuhl neben dem Weg saß. Dabei sagte er: »Dort, wo der Kerl mit der Maschinenpistole sitzt, bei der Brücke, die über den Bach hinüber führt, beginnt Bayern. Der Posten wird alle zwei Stunden abgelöst, was eigentlich jeden Augenblick der Fall sein müsste.«

Er blickte uns schelmisch von der Seite an und meinte dann: »Wenn der neue Posten euch hier mit mir zusammen auf der Wiese arbeiten sieht, wird er glauben, ihr wäret zusammen mit mir herübergefahren. Ihr könntet doch gut und gern meine Söhne sein.«

Natürlich willigten wir sofort ein. Ich griff nach einem Rechen, Franz nach einer Gabel, und wir begannen das frisch gemähte Gras auf den Wagen zu laden.

Der Alte musste unseren Arbeitseifer bremsen: »Nicht so schnell, sonst werden wir zu früh fertig!«

Nachdem er dies gesagt hatte, rief er sichtlich erfreut: »Schaut doch! Die Ablösung kommt schon.«

Etwa eine Viertelstunde später koppelten wir das Mähwerk am Wagen an und waren bereit zur Abfahrt.

»Kann einer von euch beiden mit Pferden umgehen?«, fragte der Alte.

»Ja! Ich schon!«, antwortete Franz.

»Gut! Dann führst du meine Stute, denn ich setze mich hinten auf den Sitz des Mähers.« Er blickte kurz zu mir. »Du kannst dich mit eurem Rucksack und dem Köfferchen oben aufs Gras setzen. Verstecke vorsichtshalber beides unter dem Gras. Aber so, wie ich die Amis einschätze, ist der neue Posten zu faul, um aufzustehen. Also Buben. Auf geht's!«

So rasch wie möglich kletterte ich auf den nicht allzu hoch beladenen Wagen und blickte wieder einmal mit angespannten Nerven den nächsten Minuten entgegen. Der Posten hatte irgendeine Illustrierte in der Hand und las darin. Die Beine hatte er auf einen zweiten Stuhl gelegt, sein Gewehr seitlich an den Stuhl gelehnt. Er blickte kaum von seiner Lektüre hoch und wollte anscheinend nicht gestört werden. Mit einer lässigen Handbewegung winkte er uns durch, und ich atmete erleichtert auf, als ich einige Minuten später in Oberfranken bayrischen Boden betreten konnte.

Als wir weit genug vom Grenzbach entfernt waren, rief Franz fröhlich zu mir hinauf: »Das ging ja wie geschmiert!«

»Wenn alle Grenzen so leicht zu passieren wären, könnte man fast Spaß am Herumzigeunern bekommen!«, rief ich zu ihm zurück.

Drei oder vier Minuten später warteten wir beide plaudernd vor dem Stall, in dem der Bauer sein Pferd fütterte und tränkte, bevor er wieder zu uns heraustrat. »Jetzt kann ich es euch ja verraten. Etwas mulmig war mir schon zumute, als ich so lässig mit der Faulheit dieses Amis gerechnet habe. Ihr habt sicher beide keinen Entlassungsschein.«

Er nahm unser Kopfschütteln kaum wahr und sprach weiter: »Hab' schon mehrmals beobachten müssen, wie ungemütlich die Amis werden können, wenn sie einen von euch zu fassen kriegen. Aber jetzt kommt mit mir in die Küche. Gudrun, meine Frau, wird euch zwei gern mit durchfüttern.«

Er ging vor uns her zur Eingangstür seines stattlichen Anwesens und bevor er die Türklinke ergriff, wandte er sich zu uns um: »Hoffentlich findet mein Herbert auf dem Heimweg zu uns auch Menschen, die ihm helfen. Unser Nachbarbub kam gestern heim und hat felsenfest behauptet, er wüsste ganz sicher, dass unser Herbert mit einigen seiner Kameraden von Italien kommt und schon in Nordtirol sein müsste. Die sollen aber, genau wie er selbst, Entlassungsscheine haben.«

Franz bestärkte den Mann sogleich in seiner Hoffnung: »Klar hilft dem auch jeder. Zur Zeit warten doch viele auf ihre Söhne oder andere Angehörige. Auch in Tirol.«

»Wohin wollt ihr beide denn?«

Franz deutete auf mich und gab ihm Bescheid: »Er will nach München und ich nach Pocking. Dieser Ort liegt nicht weit von Passau entfernt am Inn. Bamberg und Nürnberg wollen wir großräumig umgehen. Wir wollen ja von den Amis nicht festgesetzt werden. Irgendwo im Altmühltal werden wir uns dann trennen, und dann wird jeder allein weitergehen.«

»Na ja, da habt ihr noch einiges vor euch. Jedenfalls wünsche ich euch viel Glück. Jetzt aber nichts wie rein zu meiner Gudrun!«

Angenehm gesättigt machten wir uns eine Stunde später wieder auf den Weg, wobei Franz feststellte: »Bisher konnten wir uns wahrscheinlich deshalb so gut durch die Gegend schummeln, weil sich diese Brüder aus Übersee in einer Art Aufbruchsstimmung befanden. Wir wissen aber beide, wie ungemütlich die Amis zu jungen Männern ohne Entlassungsschein werden können. Von jetzt an müssen wir noch vorsichtiger sein.«

»Klar Franz! Wir möchten doch beide kein Gefangenenlager von innen kennenlernen und schlimmstenfalls vielleicht sogar nach USA verfrachtet werden.«

Wir schlichen also so vorsichtig weiter wie gejagtes Wild durch hügeliges Land in südöstlicher Richtung, wobei wir mehrmals gut getarnt am Boden liegend beobachteten, wie auch auf kleinen Nebenstraßen amerikanische Jeeps auf Patrouille fuhren und dabei Staubfahnen hinter sich herzogen. Manchmal hörten wir dabei, wie die jeweils drei GIs in ihren kleinen Fahrzeugen Frauen oder junge Mädchen anmachten, während diese auf Wiesen oder Feldern arbeiteten. Wir blieben immer unentdeckt und erkundigten uns stets erst dann nach Standorten der Besatzer, wenn die Luft rein war. Überall erteilten uns die Leute bereitwillig Auskunft.

Auch wenn wir manchmal vor den Kontrollpunkten irgendwo im Gebüsch oder im Wald verschwinden mussten und zu Umwegen gezwungen wurden, ging es dennoch langsam, aber beständig weiter in Richtung Heimat. Die Hilfsbereitschaft der Menschen gegenüber uns Heimkehrern war manchmal rührend. Nicht ein einziges Mal mussten wir unter freiem Himmel übernachten oder hungern.

Wir hatten die Hassberge schon überschritten, wollten Bamberg umgehen und erkundigten uns wieder einmal bei einem alten Bäuerlein und seiner Frau auf dem Feld, ob wir eine Brücke über den Main benutzen könnten. Vor allem der alte Landwirt warnte uns eindringlich: »Nein, Buben! Die Brücke vor dem Bahndamm in Zapfendorf wird von den Amis streng bewacht. Da könnt ihr nicht rüber! Auch im Ort wimmelt es von Amis! Denen wollt ihr doch nicht begegnen!«

Wir bedankten uns, gingen ein kleines Stück auf einem Feldweg nahe dem Mainufer flussabwärts. An einer geeignet erscheinenden Stelle wollten wir den Fluss durchschwimmen. Wir bemerkten gerade noch früh genug einen Jeep, der langsam näher kam. Ausweichen war nicht mehr möglich. Ohne uns lange zu besinnen, rissen wir uns die Kleider vom Leib und sprangen, nur noch mit Unterhosen bekleidet, in einen Weiher, der sich an dieser Stelle neben unserem Weg befand. Wir mimten zwei unbeschwerte und harmlose Schwimmer.

Die drei im Jeep hielten kurz an, und ich muss gestehen, dass mir nicht wohl dabei war, als die drei Amis uns irgendetwas zuriefen. Als wir nicht reagierten, fuhren sie lachend weiter.

»Das ist gerade noch einmal gut gegangen«, meinte Franz, während ich erleichtert lachte: »Das kann man wohl sagen.«

Etwa eine Viertelstunde später standen wir vor unliebsamen Blicken verborgen hinter einem Busch am Mainufer und schlüpften wieder aus unseren Kleidern.

»Hans, das schaffen wir leicht!«, rief Franz schon schwimmend zu mir herauf, während ich noch in die Träger meines Rucksacks schlüpfte, in den ich meine wenigen Kleidungsstücke hineingestopft hatte. Er hielt seinen leichten, kleinen Koffer vor der Brust und schwamm schon mit kräftigen Zügen auf dem Rücken.

Am anderen Ufer schlüpften wir nur schnell in unsere Turnschuhe.

»Nichts wie weg!«, stieß ich hastig hervor. »Wenn einer dieser Kaugummiheinis uns hier entdeckt, können wir gar nicht so schnell laufen, wie der schießen kann.«

»Warum diese GIs so ängstlich sind, ist mir rätselhaft.«

»Vielleicht haben viele von denen schlechte Erfahrungen gemacht.«

Wir stolperten über einen Bahndamm und tauchten einige Minuten später in einem Wald unter, in dem wir wieder in die Kleider schlüpfen konnten. Die Junisonne brannte vom Himmel, und so wurden wir rasch wieder trocken. Während der Nacht fanden wir wieder einmal gastfreundliche Menschen, die uns Unterkunft und Verpflegung gewährten.

Vorsichtig, wie wir uns bewegten, gelang es uns, Bamberg östlich zu umgehen, und zwei Tage später befanden wir uns nördlich von Nürnberg in der Fränkischen Schweiz. Auf einem schmalen Pfad gingen wir unter Kirschbäumen leise miteinander plaudernd dahin, fühlten uns ziemlich sicher, konnten aber nicht widerstehen, immer wieder nach den verlockend reifen Früchten in die tiefer hängenden Äste über unseren Köpfen zu greifen.

Franz meinte dabei einmal grinsend und kauend zugleich: »Siehst du, Hans, sogar die Natur sorgt für unser Wohlergehen.«

Bevor ich ihm antworten konnte, erschraken wir beide, denn eine laute Bassstimme rief zornig: »Habt ihr zwei Lausebengel nichts Besseres zu tun, als mir meine Kirschen zu klauen!?«

Wir sahen wahrscheinlich beide etwas zerknirscht aus und entschuldigten uns bei dem grauhaarigen Bauern, der uns strengen Blickes musterte. Weil Franz dabei ein jungenhaftes Lächeln zustandebrachte, wurde der strafende Blick unwillkürlich milder. »Euch beide kenne ich doch nicht. Wo kommt ihr denn her?«

Als er hörte, woher wir kamen und wohin wir wollten, wurde der von uns Bestohlene freundlich. Wie schon des Öfteren geschehen, saßen wir zwei Heimkehrer kurz danach in einem Bauernhaus am Tisch vor einer kräftigen Brotzeit.

»Mehr kann ich euch leider nicht bieten«, meinte die Bauersfrau wie entschuldigend und fügte hinzu: »Die bei uns einquartierten Flüchtlinge müssen doch auch leben.«

Der alte Bauer und seine Frau wollten mehr von uns erfahren, als wir ihnen sagen konnten. Bei dieser Unterhaltung wurde uns wieder einmal klar, wie geschunden, zerstückelt und arm das einst so stolze Deutschland nach diesem schrecklichen Krieg geworden war. Dass wir als ehemalige Soldaten uns heimlich würden nach Hause schleichen müssen, hätten wir uns noch vor zwei Jahren nicht vorstellen können.

Während der beiden folgenden Tage wurden wir einmal von einem Gewitterregen überrascht, standen aber lachend unter dem Vordach einer kleinen, unbewohnten Hütte im Reichswald südlich von Nürnberg. Es erfüllte uns beide mit einer schwer zu beschreibenden Genugtuung, dass es uns gelungen war, die Stadt unbehelligt und weiträumig zu umgehen. Dazu meinte Franz: »Hans, wenn keiner von uns beiden leichtsinnig wird, dann kann jeder gut nach Hause kommen.«

»Das ist mir auch klar. Aber ein bisschen mulmig wird mir schon, wenn du im Jura entlang der Altmühl zur Donau wandern willst und ich allein weiterschleichen muss. Wir haben uns doch so gut aneinander gewöhnt.«

»Das schon. Aber du bist erfahren genug und kannst es leicht allein schaffen.«

Am übernächsten Tag trennten Franz und ich uns im Altmühltal in der Nähe des Ortes Greding. Allein wanderte ich neben der leeren Autobahn und war darauf bedacht, von keinem amerikanischen Fahrzeug überrascht zu werden. Sobald ich Motorengeräusche hörte, versteckte ich mich mit einem raschen Sprung im Gebüsch oder Wald. Außer den Fahrzeugen der Sieger fuhr im Juni 1945 kein anderes auf der »Reichsautobahn«.

Nach Greding windet sich die Autobahn aus dem Altmühltal durch den Jura hangaufwärts. Erst oben, sobald die Autobahn wieder auf freies Gelände hinausführte, wollte oder musste ich wieder auf einsame Seitenwege ausweichen. Doch so weit sollte es nicht kommen, denn wieder einmal hörte ich Moterengebrumm. Kaum lag ich gut versteckt an einer Ausweichstelle neben der Autobahn, da glaubte ich meinen Augen nicht zu trauen. Ein deutscher Wehrmachts-Lkw mit dem mir so vertrauten Tarnanstrich hielt etwa zehn Meter von meinem Versteck entfernt, und ich hörte den Beifahrer sagen: »Erwin! Nun hab' dich nicht so. So eilig haben es die Amis auch wieder nicht! Denen liefern wir ihren Kram noch früh genug. Mir ist sowieso rätselhaft, warum sie uns für diesen Transport angeheuert haben, ohne uns zu bewachen!«

Die aus dem Führerhaus hinausgerufene Antwort konnte ich nicht verstehen, aber ich erhob mich und sprach die drei Landser an, die mich in ihren verwaschenen Uniformen verwundert anstarrten. Auf ihren Rücken prangte das aufgemalte weiße »PW« – prisoner of war –, das sie als Kriegsgefangene auswies.

»Wohin fahrt ihr denn? Könnt ihr mich müden Tippelbruder ein Stück mitnehmen?«

»Leider nein, Junge!«, rief der älteste der drei vom Lenkrad zu mir heraus. »Hier bei im Führerhaus ist es für uns drei schon viel zu eng. Wir bleiben auch nur deshalb mehr oder weniger freiwillig bei den Amis, weil wir bei ihnen gut verpflegt werden und nicht in unsere von den

Russen besetzte Heimat können. Auf der Ladefläche ist alles bis oben hin vollgepackt mit rätselhaften Elektrogeräten. Kein Platz mehr! Leider …«

Der Mann, der inzwischen sein Wasser abgelassen hatte, rief laut dazwischen: »Aber Erwin! Der Junge kann doch leicht auf dem Dach unserer Staatskarosse sitzen. So schnell kannst du mit der alten Klapperkiste ohnehin nicht fahren, dass er herunterfallen könnte!«

»Danke!«, rief ich, und schon saß ich nach hinten gelehnt halb liegend auf dem Dach des Kleinlasters.

Zuvor rief der Mann, der sich nun wieder auf seinen Sitz zwängte: »Wir fahren in die SS-Kaserne in München-Freimann, die jetzt von den Amis benutzt wird.«

»Prima«, rief ich zurück. »Lasst mich aber bitte zuvor wieder absteigen! Mit den Amis habe ich nichts am Hut.«

»Genau das haben wir vermutet!«

Von meinem Freiluftplatz aus konnte ich die Umgebung gut beobachten. Schon nach einigen Kilometern, nach einer lang hingezogenen Kurve, schlug mir das Herz bis zum Hals. Etwa drei-, vierhundert Meter vor uns parkte ein amerikanischer Wagen quer auf der Fahrbahn, und davor standen drei amerikanische Militärpolizisten mit weiß aufgemalten Ringen an ihren Helmen und den Buchstaben »MP« auf der Stirnseite.

Während wir langsam auf die Kontrollstelle zurollten, rief einer der drei von unten zu mir herauf: »Hans! Keine Angst! Wir haben gute Papiere, und du bist unser Leiter, der für die Ladung Verantwortliche!«

Zwei der drei Militärpolizisten blieben lässig an ihr Fahrzeug gelehnt stehen, nur ein dunkelhäutiger Leutnant kam gemessenen Schrittes auf uns zu. Von oben konnte ich sehen, wie er leicht erstaunt seine Brauen hob, fordernd seine Hand ausstreckte und laut in fast akzentfreiem Deutsch sagte: »Ihre Papiere, bitte!«

Der Fahrer reichte ihm das Verlangte, und das schien den amerikanischen Leutnant derartig zu beeindrucken, dass er mich auf meinem Freisitz nur mit einem kurzen Blick streifte und fragte: »Und der junge Mann in Zivil? Gehört der auch zu Ihnen?«

»Ja! Der ist Techniker in unserem Betrieb. Sieht nur so jung aus. Ist aber für die Ladung verantwortlich!«

Der Leutnant der MP legte lässig einen Finger an seinen Helm und meinte: »Ist gut. Sie können weiterfahren.«

Als der Kleinlaster langsam um das etwas größere amerikanische Armeefahrzeug herumkurvte, fragte ich mich, was das wohl für Papiere sein mochten, die den Militärpolizisten so überzeugt hatten. Dann aber beschloss ich, der Sache nicht weiter nachzugehen. Es hatte gewirkt, und das war die Hauptsache.

Noch bei zwei weiteren Kontrollen zeigte das nach wie vor rätselhafte Marschpapier die gleiche Wirkung. Als ich ungefähr einen Kilometer vor der Kaserneneinfahrt vom Dach kletterte, jubelte ich. Noch wenige Stunden zuvor hätte ich nicht zu träumen gewagt, dass ich so schnell in meine Heimatstadt gelangen würde.

Nachdem ich mich bei meinen mir nach wie vor ein wenig rätselhaften Helfern bedankt hatte und wieder allein auf der Straße stand, wich meine Hochstimmung und machte einer gewissen Ernüchterung Platz. Ich wusste, dass mir nun die letzten und vielleicht gefährlichsten Kilometer durch die zerbombte Stadt in die Robert-Koch-Straße 14 bevorstanden. Inständig hoffte ich, dass unser Miethaus den Krieg gut überstanden hatte und meine Mutter wohlauf war.

Hans, was nun?

Es grenzte fast an ein Wunder, dass ich auf dem weiten Weg durch die Stadt nur zweimal hinter den Trümmern von Ruinen vor herannahenden amerikanischen Armee-Jeeps Deckung suchen musste. Immer hastiger drängte ich voran, denn ich wusste, dass sich wegen der von den Besatzern verhängten Ausgangssperre zur Zeit kein Deutscher auf den teilweise nur schmalen, notdürftig vom Schutt befreiten Fahrbahnen zwischen den Ruinen aufhalten durfte. Die einst so vertraute Umgebung wirkte in ihrem traurigen Zustand fremd auf mich. Mit jedem Schritt wurde ich aufgeregter, denn nur sehr wenige Gebäude schienen unversehrt und noch bewohnbar zu sein.

Nach wie vor besaß ich noch keine Uhr, doch ich schätzte, dass es am Abend des 23. Juni gegen 17.00 Uhr sein mochte, als ich traurig und betroffen vor den Trümmern des Hauses stand, in dem sich einmal unsere Wohnung befunden hatte. Hoffentlich lebt Mutter noch, war mein erster Gedanke. In der Sternstraße, nicht weit von hier, wohnte ihre Freundin, Frau Schätzl. Die würde hoffentlich wissen, was mit meiner Mutter geschehen war.

Kurz sichernd spähte ich in alle Richtungen, ob die Luft rein war, bevor ich losrannte. Minuten später klopfte ich an die Wohnungstür im Erdgeschoss eines fast unversehrt gebliebenen Mietshauses. Als Frau Schätzl öffnete, blickte sie mich einige Sekunden fast ungläubig an, dann huschte ein Lächeln über ihr verhärmtes Gesicht. Sie schloss mich kurz in die Arme und rief über die Schulter in die Wohnung zurück. »Sepp! Der Hans ist da! Du weißt schon, der verloren geglaubte Sohn meiner Freundin Klara!«

Sogleich ergriff sie meinen Arm, zog mich in ihre Wohnung, und noch bevor ich sie fragen konnte, sprudelten mir ihre Worte entgegen: »Deine Mutter lebt bei einer ihrer Freundinnen in Lichtenweg, das sind vier oder fünf Bauernhöfe in der Gemeinde Isen bei Dorfen. Heute kannst du aber nicht mehr zu ihr aufs Land. Das wäre viel zu gefährlich. Unser Haus ist zwar auch voll belegt mit Ausgebombten und einer Flüchtlingsfamilie, die in unserem ehemaligen Wohnzimmer haust, aber du kannst natürlich hier in der Küche auf dem Diwan schlafen. Morgen zwischen zehn und zwölf Uhr dürfen wir ins Freie, um zu versuchen, etwas zu essen zu bekommen. Dann kannst du dich auf den Weg nach Lichtenweg machen.«

Mutter wusste aus meinen Briefen, dass ich in Vacha im Lazarett lag. So kurz nach Kriegsende aber gab es noch keinen funktionierenden Postverkehr. Bisher hatte sie vermutet, dass ich in russischer Gefangenschaft sei, weil sie nichts mehr von mir hörte. Als ich nun am Sonntag dem 24. Juni nach einem langen Fußmarsch vor ihr stand, war ihre Freude umso größer. Im kleinen Weiler Lichtenweg war ich zu dieser Zeit der einzige junge Mann. Mutter lebte hier zusammen mit zwei Frauen und der zehnjährigen Tochter einer dieser beiden.

Als die erste Wiedersehensfreude verklungen war, fragte Mutter mich besorgt: »Bub! Hast du denn einen Entlassungsschein?«

»Leider nein, Mama. Bin doch in Vacha abgehauen, bevor die Russen kamen. Die hätten mich sonst behalten.«

Nun mischte sich die Mutter der zehnjährigen Marion in unser Gespräch ein. »Hans, du kannst gern hier bei uns bleiben und mit uns arbeiten. Wir leben zwar nicht im

Überfluss, aber verhungern muss hier niemand. Du solltest aber morgen unbedingt zu unserem Bürgermeister gehen und dich anmelden.«

Meine Mutter schien überglücklich zu sein, als sie mich ein wenig zögernd nicken sah.

Der Bürgermeister von Isen erwies sich am folgenden Tag nicht nur als biederer Bauer, sondern auch als ein sehr umgänglicher, hilfsbereiter Mann. Als er von mir erfahren hatte, dass ich keinen Entlassungsschein aus der Wehrmacht hatte, musterte er mich mit einem misstrauischen Blick und fragte: »Du warst doch hoffentlich nicht bei der SS?«

»Nein! Gefreiter bei den Pionieren.«

»Das ist schon besser. Aber Lebensmittelkarten kann ich dir erst dann geben, wenn du mir einen Entlassungsschein vorlegst. Du weißt ja, dass Lebensmittel nach wie vor rationiert sind und nur mit Marken eingekauft werden können.«

»Woher soll ich denn einen Entlassungsschein nehmen?«, fragte ich ein wenig aufgebracht.

»Immer schön ruhig bleiben, Bub. In der Ruhe liegt die Kraft. Anscheinend hast du keinen Dreck am Stecken und warst nur zwei Jahre lang Soldat. In Erding ist ein Gefangenenlager, in dem es zwar nicht gerade gemütlich sein soll, aus dem aber schon zwei unbescholtene Burschen, wie du einer zu sein scheinst, entlassen wurden. Sie haben sich dort gemeldet und sind nach einigen Tagen mit dem begehrten Fetzen wieder heimgekommen. Sie waren auch nur einfache Landser.«

Er überlegte einige Augenblicke, bevor er meinte: »Deine Mutter kenne ich. Du kannst noch heute mit meinem Rad nach Erding fahren und es dort bei einem mit mir befreundeten Bauern so lange einstellen, bis dich die Amis wieder rauslassen. Wenn du Glück hast und du zu den

Unbelasteten gehörst, kannst du in drei oder vier Tagen wieder zurück sein.« Wieder betrachtete er mich mit einem forschenden Blick, dann fragte er: »Dein Soldbuch hast du doch noch?«

»Aber sicher.«

»Sind darin irgendwelche Heldentaten, das heißt Orden eingetragen?«

Ich grinste nur und versicherte ihm: »Nein! Nur meine Verwundungen.«

»Dann ist's ja gut. Komm mit!«

Er erhob sich von seinem Stuhl, ging vor mir aus der Wohnküche, die gleichzeitig seine Amtsstube war, und holte aus dem Schuppen hinter dem Haus ein Fahrrad der Marke Wanderer, das er mir mit den Worten anvertraute: »Pass' aber gut auf mein bestes Stück auf! Diese Dinger sind sehr kostbar geworden und werden gern geklaut. Und noch etwas: Es wäre gut, wenn du ins Lager etwas zu essen mitnehmen könntest. Das weiß ich von den beiden anderen. Die Amis haben zwar für sich selbst Verpflegung im Überfluss, aber für Nazis wenig übrig. Mach's gut Hans, hoffentlich bis bald!«

Das von einem hohen Maschendrahtzaun umgebene Gefangenenlager am Rand der Kreisstadt Erding war von amerikanischen Posten streng bewacht, und ich sah eine schwer zu schätzende Anzahl grauer Gestalten ohne Rangabzeichen auf dem Boden liegen. Mein Blick durch den Zaun in diese triste Umgebung wirkte alles andere als einladend. Nur sehr wenige kleine Zelte konnte ich zwischen all diesen grauen Gestalten bemerken, und ich hoffte sehr, dass es in der Zeit meines Aufenthalts dort nicht regnen würde.

Die beiden sehr dunkelhäutigen GIs am Eingangstor interessierten sich mehr für den Inhalt meines kleinen Leinensackes als für mein Soldbuch. Während einer von ihnen mit seinen langen, schwarzen Fingern mehrere hart gekochte Eier, ein Stück Rauchfleisch und einen runden Laib selbst gebackenen Bauernbrots betastete, stand der zweite drohend mit seinem Gewehr im Anschlag hinter mir. Erst nach dieser Kontrolle blickte einer der beiden flüchtig in mein Soldbuch, und ich bezweifelte, dass er darin lesen konnte. Er wies aber kurz mit dem Kinn auf eine Baracke, die etwa zwei Meter neben dem Tor außerhalb der Umzäunung stand. Davor parkten mehrere Jeeps, und an einer hohen Fahnenstange hing schlaff die amerikanische Flagge.

Es war warm und sonnig, und so hoffte ich bei ihrem Anblick, dass es auch in den folgenden Tagen so bleiben würde. Mit etwas Glück würde der Bürgermeister recht behalten und meine Gefangenschaft nur ein paar Tage dauern. Gleichzeitig plagten mich Sorgen: Was, wenn ich doch länger hier würde bleiben müssen? Wenn man mich vielleicht sogar nach Übersee transportieren würde? Plötzlich bedrückten mich derartige Befürchtungen. Aber ohne Entlassungsschein war für mich ein Leben in Freiheit unmöglich. Entschlossen klopfte ich an die erste Tür der Baracke.

Beim Eintreten rief ich laut: »Grüß Gott!« Ein weißer amerikanischer Offizier saß zurückgelehnt auf seinem Stuhl hinter einem Schreibtisch und musterte mich schweigend aus dunklen Augen, ohne meinen Gruß zu erwidern.

Nach drei, vier Sekunden fragte er in akzentfreiem Deutsch: »Ist das Ihr Soldbuch? Wo haben Sie denn Ihre Uniform gelassen?«

»Ja! Das ist mein Soldbuch, und meine Uniform ist in Thüringen geblieben. Bevor die Russen in Vacha das Lazarett übernahmen, bin ich geflohen. So wie ich jetzt vor Ihnen stehe, bin ich zu Fuß nach München gegangen. Kann ich bei Ihnen einen Entlassungsschein bekommen?«

»Zeigen Sie mir erst mal Ihr Soldbuch! Waren Sie etwa bei der SS?«

»Nein! Bei den Pionieren und immer an der Ostfront!«

»Das kann ich gleich selbst feststellen!«

Während er in meinem Wehrpass zu blättern begann, glaubte ich aus seinen Worten eine mundartliche Färbung herauszuhören, die mich an den Dialekt einiger Berliner Kameraden erinnerte. Deshalb fragte ich mich unwillkürlich, ob mein Gegenüber ein deutscher Jude war, der mit seiner Familie vor den Nazis hatte fliehen müssen.

Kaum hatte ich dies gedacht, da hob er ruckartig den Kopf und rief: »An der Nase sind Sie auch verwundet? Zeigen Sie mal!«

Nachdem er mein Profil eingehend betrachtet hatte, legte er mein Soldbuch vor sich auf die Schreibtischplatte, schlug einmal mit der flachen Hand darauf und meinte mit etwas freundlicher klingender Stimme: »Wir werden das nachprüfen. Das kann einige Tage dauern. Erst wenn sicher ist, dass nichts Belastendes gegen Sie vorliegt, werden Sie entlassen. Ihr Soldbuch bleibt hier! Kommen Sie erst dann wieder hierher, wenn Sie Ihren Namen im Lautsprecher hören.« Er deutete zur Tür und fügte leise hinzu: »Suchen Sie sich dort drinnen irgendeinen Platz.«

Bevor ich die Tür erreichte, hörte ich ihn fragen: »Was haben Sie denn in diesem Leinensack?«

»Meine Mutter ist ausgebombt und wohnt bei einem Bauern auf dem Land. Sie konnte mir ein wenig Zusatzverpflegung mitgeben.«

»Aha. Und nun raus mit Ihnen!«

Wahrscheinlich hatte ich es meiner Zusatzverpflegung zu danken, dass ich bei zwei älteren ehemaligen Panzersoldaten in deren Zelt aufgenommen wurde. Hatten die Amerikaner nicht mit so zahlreichen Gefangenen gerechnet oder sahen sie in uns zumeist noch jungen Soldaten nur Nazis, die keine bessere Behandlung verdienten? Die dünnen Suppen und das während meines Aufenthaltes nur zweimal ausgegebene, kastenförmige Weißbrot für jeweils fünf Mann reichten gerade, um nicht zu verhungern. Jedenfalls war ich denkbar froh darüber, am Nachmittag des dritten Tages meinen Namen im Lautsprecher zu vernehmen.

Der gleiche Offizier, vor dem ich bei meiner Ankunft gestanden hatte, überreichte mir meinen Entlassungsschein, schüttelte aber energisch den Kopf, als ich ihn nach meinem Soldbuch fragte.

»Dieses Soldbuch bleibt bei unseren Unterlagen! Seien Sie froh, dass Sie alles gut überstanden haben!«

Natürlich war der Entlassungsschein für mich wichtiger als der Nachweis meiner militärischen Laufbahn. Obwohl ich gegen Ende meiner Fahrradtour wieder gegen die verhängte Ausgangssperre verstieß, trat ich munter, fast fröhlich in die Pedale und begegnete keiner US-Patrouille.

Nachdem ich das geliehene Fahrrad bei meinem Gönner abgeliefert hatte, meinte dieser: »Deine Lebensmittelkarten kannst du gleich mitnehmen. Die Bäuerin, bei der deine Mutter wohnt, wird froh sein, wenn sie wieder einen Mann im Haus hat, weil ihrer in einem Bergwerk in Frankreich ist.«

Meine Mutter musste jeden Tag in der Landwirtschaft schwer arbeiten, und ich musste froh sein, in Lichtenweg eine Unterkunft gefunden zu haben. Schon am ersten Tag nach meiner Rückkehr musste ich erfahren, dass einem in diesen Tagen nichts geschenkt wurde. Das fand ich zwar durchaus in Ordnung, aber ich war nun einmal kein Bauer, sondern wollte wieder in meinem erlernten Beruf in der Stadt arbeiten und dort leben. Auch wenn Mutter und die beiden anderen Frauen mich ungern gehen ließen, fuhr ich drei Wochen später mit einem von meiner Mutter und mir erworbenen alten, klapprigen Fahrrad nach München. Am Stadtrand, kurz vor Waldtrudering, riss die Kette. Über dieses Missgeschick fluchend schob ich mein Gefährt weiter, denn ich wusste, dass mein Onkel Karl Fackler hier ein Baugeschäft besaß, das angeblich den Krieg gut überstanden hatte.

Es berührte mich zutiefst, als ich bei unserer Begrüßung feststellen konnte, wie sehr sich der alternde Mann und auch seine Familienangehörigen freuten, dass ich den Weg zu ihnen gefunden hatte. Einen Abend lang wurde erzählt und erzählt, aber ich wollte nicht im Betrieb meines Verwandten arbeiten, sondern reparierte anderntags mein Rad und fuhr in die Robert-Koch-Straße. Mir wurde gesagt, dass ich dort im Kolpingheim als Schreinergeselle ein Zimmer beziehen konnte, sobald auch ich ein sogenannter Kolpingsohn werden würde.

Ich wollte am liebsten wieder in der Schreinerwerkstätte arbeiten, in der ich gelernt hatte. Doch wieder einmal kam es anders als geplant. Mein damaliger Meister war gefallen. Sein zerbombtes Haus war aber fast schon wieder instand gesetzt. Doch der neue Betriebsinhaber schüttelte bedauernd den Kopf, als ich mich um einen Arbeitsplatz bei ihm bewarb.

»Tut mir leid, Fackler. Obwohl ich mehr als genug Aufträge hätte, kann ich niemanden mehr einstellen, weil gutes Holz so schwer zu bekommen ist.«

Wo ein Wille, da ein Weg, dachte ich und wandte mich ans Arbeitsamt in der Implerstraße. Auch dieses Haus war noch vom Luftkrieg schwer gezeichnet. Die Fensteröffnungen waren teilweise mit roh zusammengezimmerten Holztafeln notdürftig verschlossen, sodass in vielen Fluren und Gängen Halbdunkel herrschte. Auch wenn damals Papier noch Mangelware war, musste ich bei meiner

Bewerbung feststellen, dass der Amtsschimmel schon wieder wieherte. Nachdem ich alle Fragen schriftlich beantwortet hatte, musterte mich ein magerer Mann mit grau schimmernden Schläfen und einem leeren Ärmel in seiner fadenscheinigen Anzugsjacke hinter einem einfachen Schreibtisch aus Fichtenholz. Danach meinte er: »Für Sie habe ich etwas Passendes. Die Firma BAGDi (Backofen & Dietz) in der Plinganser Straße sucht einen Hausschreiner. Etwas Besseres kann ich Ihnen kaum anbieten. Habe gehört, dass die Entlohnung in dieser Firma nicht nur in Reichsmark erfolgen soll. Aber das werden Sie sicher selbst feststellen wollen.«

Am Abend dieses Tages war ich glücklich und zufrieden. Künftig konnte ich als Kolpingssohn in einer kleinen Kammer für kleines Geld wohnen und für 1,50 Reichsmark frühstücken und zu Abend essen. Kein einziger Schlafplatz in dem großen Altbau war unbelegt. Natürlich war unsere Verköstigung einfach, aber nahrhaft. Viele der Mitbewohner waren in meinem Alter, und natürlich fragten wir uns oft, wie die Schwestern Brot, Kartoffeln, Butter, Eier, Gemüse und alle diese Dinge auftreiben konnten. Aber im Grunde war es uns vollkommen gleichgültig. Hauptsache war, dass keiner von uns jungen Menschen hungern musste.

Noch günstiger hatte ich es mit meinem Arbeitsplatz getroffen, weil in der Firma als Teil des Lohnes an jedem Werktag – damals wurde natürlich auch noch am Samstag gearbeitet – ein sehr gutes Mittagessen in der Kantine ausgegeben wurde. Zusätzlich bekam jeder Betriebsangehörige täglich zehn Zigaretten. Weil man in den ersten Nachkriegsjahren für Zigaretten mehr erhalten konnte als für die nahezu wertlos gewordene Reichsmark, war ich deshalb gut bedient. Für Zigaretten konnten Lebensmittel und andere rar gewordene Artikel eingetauscht werden.

Nicht nur in München, sondern überall in unserem verarmten Restdeutschland blühte der Schwarzmarkt, und die sogenannte Zigarettenwährung war allgemein anerkanntes Zahlungsmittel.

Wieder einmal gehörten die armen Menschen, die nichts besaßen, das sie gegen Lebensmittel hätten eintauschen können, zu den Verlierern. Manchmal schämte ich mich, wenn ich auf den Straßen in die hungrigen Augen der Menschen, vor allem der Kinder blicken musste, ohne ihnen helfen zu können. Andererseits aber wunderte ich mich darüber, wie hart mich die zwei Jahre Krieg gemacht hatten, und oft erinnerte ich mich daran, wie viel Zeit nach dem Untergang der *Gustloff* hatte vergehen müssen, bis ich wieder lachen konnte.

Bei einem Spaziergang am Sonntag traf ich zufällig meinen alten Freund Gerhard Hugel wieder. Weil auch sein damaliges Heim den Bomben zum Opfer gefallen war, hatte keiner von uns beiden gewusst, was aus dem anderen geworden war. Gerhard war jener HJ-Junge, der damals den Anwerbeversuch zur Hermann-Göring-Division in unserem HJ-Heim mit den dreisten Worten beantwortet hatte: »Das muss ich mir noch überlegen.« Damals brauchte ich nur noch hinzuzufügen: »Der Aussage meines Vorredners schließe ich mich an.«

Als wir uns jetzt wieder sahen, war die Freude riesengroß. Er hatte während des gesamten Krieges in München bei der Flak gedient und meinte: »Wahrscheinlich war's hier besser als bei dir. Aber du kannst mir glauben, ein Honiglecken war das auch nicht. Jetzt hab' ich bei den Amis einen sehr lukrativen Arbeitsplatz als Küchenhelfer. Dabei geht's mir echt gut. Und was machst du jetzt?«

»Na, was schon. Arbeit habe ich bei der Firma BAGDi gefunden und wohnen kann ich für kleines Geld im Kolpingheim.«

»Was? Du unterwirfst dich der strengen Hausordnung der Nonnen, dieser Schleiereulen? Das wäre nicht gerade mein Geschmack.«

»Meiner ist es auch nicht. Aber diese ›Schleiereulen‹, wie du sie nennst, sind fast immer freundlich und gar nicht so übel, wie du glaubst. Für den Anfang bin ich froh über diese Unterkunft und hoffe, irgendwann etwas zu finden, wo ich mich freier bewegen kann. Übrigens bin ich bei diesem schönen Wetter gerade auf dem Weg zur Isar. Kommst du mit zur Maximiliansbrücke? Dort haben wir doch schon als Buben gebadet.«

Gerhard grinste: »Nein, heute nicht, Hans. Heute hab' ich schon was Besseres vor. Das würde ich auch dir empfehlen. Vielleicht kannst du am Isarufer auch angenehme Unterhaltung finden.«

Tatsächlich fand ich an diesem sonnigen Nachmittag die von Gerhard vorausgesagte angenehme Unterhaltung, freundete mich dabei aber auch mit Heinz Hammer an, der genau wie ich ein ausgezeichneter Schwimmer war. Er war zwei Jahre älter, hatte den Krieg als blutjunger Jagdflieger überlebt und wollte als Sohn wohlhabender Eltern Tiermediziner werden. Genau wie ich selbst kannte auch er schon von Kindesbeinen an die heimtückischen Strudel, die sich in der Isar unter der Maximiliansbrücke bildeten. Deshalb achteten wir darauf, was die anderen Badegäste trieben, und tatsächlich mussten wir an diesem Nachmittag gemeinsam ein Mädchen vor dem Ertrinken retten.

Als wir uns am späten Abend verabschiedeten, meinte Heinz zu mir: »Menschenskind Hans, du musst unbedingt versuchen, das Abitur zu machen. Du bist doch nicht blöd!«

Heinz und ich trafen uns an den darauf folgenden Sonntagen immer wieder am Isarufer. Aber Ende August gestand ich ihm, dass ich nach langen Arbeitstagen nicht mehr in der Lage war, mich bei den Abendschulungen zu konzentrieren.

»Heinz, das kann ich nicht länger durchhalten.«

»Schade Hans. Gerade dir hätte ich dies zugetraut.«

»Danke, aber meiner Mutter kann ich die Ausgaben nicht zumuten, die bei einer Ganztagsschulung und einem späteren Studium entstehen. Ich muss mich wie bisher über Wasser halten und selbst für mich sorgen.«

Während ich ihm dies erklärte, saßen wir zusammen mit zwei hübschen Badenixen auf unseren Decken. Plötzlich sprangen wir beide gleichzeitig hoch.

»Der spinnt wohl!«, rief Heinz.

Ebenso laut erwiderte ich: »Das glaub' ich auch. So nah wie der schwimmt nur ein Narr an diese Strudel heran. Der kommt doch nie mehr aus dem Sog heraus! Das schafft keiner.«

Noch während wir ins Wasser sprangen, sahen wir, wie der Kopf des Mannes in dem uns beiden nur gut bekannten Strudel verschwand. Auch für uns war es nicht leicht, den schweren Körper unter der Wasserwalze hervor und wieder ans Ufer zu ziehen. Prustend und schnaubend saß er im Gras vor uns, und wir konnten ihn näher betrachten, während er uns aus pechschwarzen Augen dankbar anblickte. Unterernährt ist er jedenfalls nicht, dachte ich, als ich seine dicken Arme und Beine und seinen stattlichen Leibesumfang unter seiner straff darüber gespannten, blauen Badehose sehen konnte.

Als er wieder ruhiger atmen konnte, bedankte er sich bei uns beiden mit überschwänglichen, anfangs gestammelten Worten. Heinz bemerkte als Erster von uns beiden die auf einem seiner Unterarme eintätowierte Nummer, die ihn als ehemaligen Insassen eines Konzentrationslagers auswies. Jetzt erst, also nach dem Krieg, erfuhren auch wir beide, wie grauenhaft sogenannte KZler von ihren SS-Bewachern behandelt worden waren, und wieder einmal war ich dankbar, dass ich als Soldat nie in all diese Gräueltaten verwickelt worden war.

Heinz schien ähnlich wie ich zu empfinden, denn er murmelte leise: »Ist schon gut. Wir konnten doch nicht zuschauen, wie Sie hier ersaufen.«

»Danke, danke! Hab ich doch vor zwei Monaten eine Villa in der Widenmayerstraße bezogen. Bitte! Ihr zwei müsst morgen Abend zu mir kommen! Möchte mich meinen Rettern erkenntlich zeigen.«

Wir wussten beide, wo er wohnte, und läuteten tags darauf erwartungsvoll und ein wenig gespannt an der Tür der gepflegten Jugendstilvilla, die der Luftkrieg verschont hatte. Der schwarzgelockte Mann öffnete, und ich staunte, wie elegant er in seinem hellgrauen Anzug wirkte.

Seine Worte hingegen ernüchterten uns beide: »Ach Sie sind es. Sie kommen gerade sehr ungelegen. Aber einen kleinen Augenblick. Hab ich doch etwas für Sie!«

Er ließ die Tür angelehnt, und Heinz drückte sie mit einem Fuß weit auf. So konnten wir sehen, dass eine Seite des Flurs vom Boden bis zur Decke mit aufeinander gestapelten Kartons unterschiedlicher Größe gefüllt war. Aus irgendeinem Zimmer drangen Männerstimmen und Frauenlachen zu uns heraus.

Unterdessen riss der Mann mit hastigen Bewegungen einen der Kartons auf, zerrte irgendetwas heraus und kam mit hastigen Trippelschritten wieder zu uns zurück. Er reichte jedem von uns eine Schachtel Zigaretten der amerikanischen Marke Chesterfield und schien nicht im Geringsten verlegen zu sein, als er dazu erklärte: »Hab' leider keine Zeit für Sie. Habe überraschend wichtigen Besuch bekommen. Vielen Dank und alles Gute!«

Die Tür schloss sich, und wir beide blickten uns achselzuckend an, bevor Heinz als Erster die Sprache wiederfand:

»Hans! Den Weg hierher hätten wir uns sparen können. Aber ärgere dich nicht!«

Wir beschlossen beide, den Vorfall zu vergessen, und trafen uns eine Woche später wieder an unserem Badeplatz. Dabei passierte mir ein Missgeschick. Beim Federballspielen trat ich barfuß in eine kleine Erdmulde und brach mir zwei Knochen am Vorderfuß.

Der Hausarzt des Kolpingheimes meinte: »Das muss gegipst werden. Arbeiten können Sie nicht, wenn Sie keinen bleibenden Schaden davontragen wollen!«

Mein Arbeitgeber war natürlich nicht begeistert, als ich ihm dies mitteilen musste. Noch weniger war ich begeistert, als ich nach einer Woche erfuhr, dass mein guter Arbeitsplatz mit einem älteren Mann besetzt wurde. Denn bis dahin hatte ich geglaubt, dass diese lukrative Arbeitsstelle sicher sei, und hatte am Thierschplatz ein preiswertes Zimmer in einem wieder instand gesetzten Altbau gefunden. Damit glaubte ich meine persönliche Freiheit gewonnen zu haben, wollte mich dem Zwang der Hausordnung in meiner bisherigen Unterkunft auf diese Weise entziehen.

Über der Suche nach einer passenden Arbeitsstelle vergingen viele Monate. Die unmittelbare Nachkriegszeit war überstanden, auch wenn noch lange Beschränkungen drohten und Mangel herrschte.

Inzwischen war ich 20 Jahre alt geworden. Die Währungsreform im Sommer 1948 veränderte Deutschland und auch mein eigenes Leben. Die bisher für mich so lukrative Zigarettenwährung verlor mit einem Mal ihre Bedeutung, und das Wirtschaftsleben normalisierte sich binnen kurzer Zeit.

Schon lange hatte ich damit begonnen, in jeder freien Minute in den Ruinen nach noch verwendbaren Gegenständen zu suchen, die ich in Mutters gepachtetem und damals noch vorhandenem Schrebergarten lagern konnte. Dieser Platz war für diesen Zweck deshalb wie geschaffen, weil man ihn nur durch das fast unbeschädigte Gebäude des Wasserwirtschaftsamtes erreichen konnte. Weil mich fast alle Beschäftigten als Sohn von Frau Fackler kannten, konnte ich mir jederzeit Zutritt zu der Gartenanlage verschaffen und die gesammelten Schätze sicher aufbewahren. Vor allem Altmetall, besonders Messing- oder Kupferteile, schienen mir bewahrenswert. Auf diese Weise hatte sich ein reichhaltiger Bestand angesammelt, den ich nun gewinnbringend veräußern wollte. Als mir ein Altwarenhändler 800 Deutsche Mark dafür bot und zudem erklärte, alles mit seinem Lieferwagen abzuholen, willigte ich sofort ein. 800 DM waren damals eine Menge Geld.

Noch ein anderer Glücksfall kam mir in dieser Zeit zu Hilfe: Herr Eisler, ein Bekannter aus früheren Tagen, war Sänger im Theaterchor der Stadt München. Er traf mich zufällig auf der Straße, erkannte mich und rief sichtlich erfreut: »Hans! Du lebst noch! Was machst du denn so?«

»Ich suche Arbeit, habe aber leider bisher noch keinen mir zusagenden Arbeitsplatz gefunden.«

»Würdest du auch am Theater arbeiten?«

»Natürlich. Weshalb denn nicht? Das ist neu für mich!«

»Gut. Dann komm bitte gleich morgen um 13.00 Uhr ins Residenztheater. Dort wird gerade geprobt. Der Intendant, Johannes Lippl, und sein Assistent Dörfler werden diese Probe im Zuschauerraum beobachten. Das weiß ich sicher. Vielleicht sucht er gerade Männer deiner Größe als Statisten oder für kleinere Nebenrollen. Reich werden kannst du damit allerdings nicht.«

»Das ist mir klar. Natürlich werde ich kommen.«

Bisher kannte ich Johannes Lippl lediglich als Autor der Hörspiele *Der Passauer Wolf* oder *Die Pfingstorgel*. Als ich am folgenden Tag im Zuschauerraum des Residenztheaters vor ihm stand, musterte mich der Mann mit kritischen Blicken, um danach wie nebenbei zu beschließen: »Gut. Die Größe stimmt genau. Sie sind gleich übermorgen Soldat bei *Egmont*. Morgen ist hier wieder Probe. Mal sehen, was aus Ihnen wird.«

Anderntags teilte mir eine Bürokraft des Residenztheaters mit, dass ich mich von nun an täglich mittags hier zu melden hätte. »Dafür bekommen Sie 1,50 DM, auch wenn wir an diesem Tag keine Rolle für Sie haben. Als Statist oder für eine kleine Nebenrolle erhalten Sie den gleichen Betrag. So ist das nun einmal. Bei uns haben aber schon viele klein angefangen, die später bekannte Schauspieler geworden sind. Viel Glück, Herr Fackler!«

Irgendwie fühlte ich mich ernüchtert, als ich an diesem Tag das Residenztheater erstmals durch den Bühneneingang verließ. Mit diesem Verdienst kommst du nicht über die Runden, dachte ich, stand aber zwei Tage in *Egmont* und schon tags darauf bei *Blaubart* und später noch bei *Die Pfingstorgel* und *Die Meistersinger von Nürnberg* auf der Bühne.

Gern denke ich heute noch daran, wie mir schon am ersten Abend meiner Statistenlaufbahn ein mir genauso unbedeutend erscheinender Nebendarsteller im Brustton der Überzeugung erklärte, dass er demnächst, »sobald ich genügend Kohle habe«, die Schauspielschule besuchen werde, um eine Bühnenkarriere anzustreben.

»Hans, so wie du aussiehst, wäre dies doch auch für dich ein gangbarer Weg in die Zukunft«, meinte er dazu.

Mir schien dies jedoch zu unsicher. Mein damaliger Statistenkollege hieß Helmut Fischer, und ich konnte nicht ahnen, dass er später einmal als ›Monaco Franze‹ berühmt werden würde.

Weil ich als Schreinergeselle keine Zukunft für mich sah und beim Arbeitsamt noch keine andere passende Stelle finden konnte, wollte ich die Gage für meine Nebenrollen durch eine Tätigkeit als Kellner im (alten) Teehaus am Ufer des Kleinhesseloher Sees im Englischen Garten aufbessern. In diesem Beruf musste man immer korrekt gekleidet sein, und so erinnerte ich mich an die Anzug- und weißen Leinenstoffe, die ich in meiner damaligen Lazarettstadt Vacha in der stillgelegten Bekleidungsfabrik hatte »organisieren« und bei meinem Kameraden und seiner Mutter in Geisa deponieren können. Falls mein damaliger Kamerad diese Schätze noch haben sollte, sollte ich nach Thüringen fahren und sie holen. Diese Stoffe würden für mehrere Anzüge reichen.

Natürlich hatte ich auch zuvor schon mehrmals an diese Schätze gedacht, aber mein tief verwurzeltes Misstrauen gegenüber den Russen hatte mich bisher davon abgehalten, mich danach zu erkundigen und in die Ostzone zu fahren.

Wieder zur Flucht gezwungen

Ende Dezember 1948 gelang es mir auf einigen Umwegen, Heiner Rom in Geisa ans Telefon zu bekommen. Der Anruf beseitigte meine Furcht vor den Russen zwar nicht vollständig, ermutigte mich aber dazu, endlich zu handeln, weil Heiners Stimme so fröhlich aus dem Hörer klang:

»Menschenskind, der Hans! Klar haben wir alle deine Sachen noch in Verwahrung, Mutter und ich sprachen schon öfter von dir. Du kannst deine Stoffe jederzeit hier bei uns abholen. Mutter wollte sie sogar schon einmal waschen.«

»Aber Heiner, so ein Schmarrn. Das ist doch völlig unnötig. Die Stoffe sind doch nach wie vor unbenutzt!«

»Das hab' ich ihr auch gesagt, und sie hat's dann auch nicht getan.«

»Trotzdem danke für ihren guten Willen. Eigentlich hätte ich euch nicht böse sein können, wenn ihr diese Sachen für euch verwertet hättet, weil ich so lange nichts von mir hören ließ.«

»Wie kommst du denn darauf? Daran haben wir nicht einen Augenblick lang gedacht.«

»Das freut mich, Heiner. Dann werde ich nach Neujahr, also Anfang Januar, zu euch kommen. Bis bald!«

Am 7. Januar fuhr ich mit der Bundesbahn nach Fulda und von dort mit dem Bummelzug zur letzten Ortschaft vor der Zonengrenze – ich glaube, dass sie Schwarzbach hieß und der benachbarte Ort in der damaligen Ostzone Spahl.

Nur an die Warnung eines alten Mannes im Zug kann ich mich fast wörtlich erinnern: »Drüben in der Ostzone kontrollieren die Russen sehr scharf, vor allem Westdeutsche. Sie sind dabei angeblich nicht immer freundlich, eher misstrauisch. Den kurzen und direkten Weg hinüber würde ich Ihnen nicht empfehlen, denn dort kontrollieren sie fast immer. Es gibt aber einen kleinen Umweg, auf dem sie seltener sind.«

Ich folgte seinem Rat und wanderte am späten Nachmittag auf dem beschriebenen und nicht allzu weit erscheinenden Umweg »in die Zone«, wie es damals hieß. Längere Fußmärsche waren für mich nach wie vor kein Problem, und ich war fest davon überzeugt, Geisa zu Fuß erreichen zu können.

Es begann schon zu dämmern, als mir am Ortsrand von Spahl gemächlichen Schrittes zwei russische Soldaten entgegenkamen. Für mich war es zu spät, hinter einer Hausecke zu verschwinden, und so ging ich mit der unschuldigsten Miene an ihnen vorbei. Sie waren schon gut zehn Meter hinter mir, als den beiden wohl irgendetwas an mir ungewöhnlich vorkam, denn es erklang der laute Ruf »Stoi!«

Als ich mich umwandte, stiefelten die beiden mit langen Schritten auf mich zu, und einer der beiden streckte mir seine Hand fordernd entgegen, während der andere am Abzug seiner nagelneuen Kalaschnikow herumspielte. Der Ältere der beiden sprach einige knappe russische Worte zu seinem Begleiter, behielt meine Kennkarte in der Hand und befahl mit dröhnender Bassstimme: »Mitkommen! Zu Bürgermeister in Dorf! Dawai!«

Die beiden Russen schienen hier ortskundig zu sein. Als ich vor ihnen einige Hundert Meter durch das Dorf gehen musste, bemerkte ich, wie sich bei mehreren der Häuser die Vorhänge bewegten. Ansonsten war die Straße menschenleer. Es erschien mir so, als wollte keiner der Bewohner etwas mit den Russen zu tun haben.

Dder Bürgermeister wohnte in einem kleinen Einfamilienhaus, zu dessen Eingangstür zwei, drei Steinstufen hinauf führten. Vor den Rohren der drohend auf mich gerichteten Sturmgewehre musste ich das Haus betreten. In der Küche saß ein Mann mit grauen Schläfen und schlohweißem Oberlippenbart auf einem mit schwarzem Leder bezogenen Sofa. Das junge Mädchen, das mit ihm am Tisch saß, schien seine Tochter zu sein. Ein großer Schäferhund knurrte bedrohlich, als wir eintraten, und das junge Mädchen musste ihn am Halsband ergreifen.

»Pfui, Lux! Ist doch gut! Mach wieder schön Platz!«

Leise knurrend legte sich der beängstigend aussehende Vierbeiner wieder auf seine Decke in der Ecke.

Mein Mantel stammte aus ehemaligen Heeresbeständen, ein damals noch allgemein üblicher Anblick auf den Straßen. Er schien aber das Misstrauen der beiden Besatzer besonders zu wecken. Als wir jetzt in der Küche standen, deutete der jüngere der beiden Russen darauf und befahl: »Ausziehen!«

Mir blieb keine Wahl. Diesen Befehl musste ich widerstrebend befolgen. Wie ich es befürchtet hatte, griff nun der andere sofort nach meinem kleinen Ledertäschchen, das ich an einem Riemen umgehängt unter dem Mantel trug. Er riss es an sich, öffnete den Reißverschluss, und das erste, was er herauszog, waren zwei Bilder, die mich in Uniform beim Arbeitsdienst zeigten. Diese Aufnahmen hatte ich mitgenommen, um sie Heiner zu zeigen. Jetzt aber verfluchte ich meinen Leichtsinn. Der Russe zog indessen mit triumphierender Miene mein Bargeld, meinen Entlassungsschein, ein Bild meiner Mutter, meine Rückfahrkarte und noch andere Kleinigkeiten aus meiner kleinen Ledertasche. Dabei rief er laut: »Du sein ein Spion!«

»Nein!«, rief ich. »Einen alten Freund möchte ich besuchen. Sonst nichts!«

»Wir dir nicht glauben!«

»Aber ja doch. Was sollte ich denn sonst hier wollen?«

»Wir werden bald wissen!« Er blickte streng zum Bürgermeister, der alles schweigend beobachtet hatte, und meinte in einem Tonfall, der keinerlei Widerspruch duldete: »Du gehen mit uns in dein Zimmer. Möchte sprechen mit dir und telefonieren!«

Die drei gingen in einen kleinen Raum neben der Küche und ließen die Tür hinter sich weit offen. Ein kurzer Blick von mir genügte, um festzustellen, dass die beiden Russen mit dem Rücken zu mir vor dem Telefon standen. Aber wie lange noch? Das Mädchen an meiner Seite blickte mich mitfühlend, aber auch ängstlich an, als ich fragte:

»Wo kann ich denn hier austreten?«

»Gleich die erste Tür neben dem Eingang.«

Leise schlich ich zur Haustür, riss sie auf, sprang in den Hausgarten hinunter, setzte mit einem Sprung über den niedrigen Zaun und hastete einige Meter auf der Dorfstraße weg vom Bürgermeisterhaus, um danach am Waldrand in einer Erdmulde Deckung zu finden. Hinter mir erklangen laute russische Rufe, aus denen ich nur mehrmals »Stoi« heraushören konnte. Sekunden später entleerten die Russen wohl beide ihre Magazine, denn das laute Knattern ihrer Schüsse hallte in der hereinbrechenden Nacht durch das bisher friedlich-stille Dorf.

Meine Verfolger schienen mich hinter dem Haus des Bürgermeisters zu vermuten, denn als es wieder still geworden war, hob ich vorsichtig den Kopf und sah sie im schwachen Schein der Lampe über der Haustür wie zwei dunkle Schatten um die Hausecke verschwinden.

Jetzt aber nichts wie weg hier, dachte ich. Der Schnee war hier von mehreren Fußspuren niedergetrampelt. So schnell ich konnte, lief ich in den Wald hinein, weil ich befürchten musste, dass mich der Hund des Bürgermeisters aufspüren würde, sobald der Mann dazu gezwungen würde, ihn nach mir suchen zu lassen.

Um mich herum wurde es im wahrsten Sinne des Wortes nachtschwarz. Andererseits fand ich es gut, dass das Licht des Mondes die Wolkendecke nicht durchdringen konnte und ich deshalb unsichtbar wurde. Jedoch verlor ich nach einigen Minuten den Richtungssinn, tastete aber von Baum zu Baum in der Richtung weiter, in der ich die Zonengrenze vermutete. Die Kälte kroch durch meine Kleidung, und noch einmal verfluchte ich meine Arglosigkeit, weil ich diese Bilder mitgenommen hatte, die den Argwohn der Russen hervorriefen. Wohin würden sie mich wohl verschleppen, wenn sie mich wieder aufgreifen könnten? Rings um mich herum war es so dunkel, dass ich die Hand nicht vor den Augen sehen konnte. So unwohl hatte ich mich schon lange nicht mehr gefühlt wie jetzt in der mir unbekannten Umgebung.

Die Furcht vor Verschleppung trieb mich vorwärts, und ich tastete mich weiter von einem Baumstamm zum anderen durch die Nacht. Mehr und mehr begann ich zu verzweifeln, weil dieser Wald kein Ende zu nehmen schien. Trotz des Umweges, den man mir empfohlen hatte, glaubte ich nicht so weit gegangen zu sein, wie es mir jetzt erschien. Stunden schienen vergangen zu sein, als ich nach langem Umherirren wieder Hoffnung schöpfte. Vor mir gewahrte ich einen schwachen, hellen Schimmer und glaubte, den Westen endlich erreicht zu haben. Unwillkürlich ging ich schneller darauf zu, um einige Minuten später festzustellen, dass ich wieder am Rand des Dorfes stand, aus dem ich Stunden zuvor geflüchtet war. Ich war im Kreis durch die Nacht geirrt! Natürlich! Das konnte nicht anders gewesen sein.

Das Dorf lag im Dunklen. Alles war still und anscheinend friedlich. Nur eines der Häuser, anscheinend eine Gaststätte, schien noch mit Leben erfüllt zu sein, denn aus zwei von seinen der Straße zugewandten Fenstern schimmerte durch die zugezogenen Vorhänge schwaches Licht.

Vorsichtig sichernd schlich ich näher und hörte gedämpfte Männerstimmen. Dabei fragte ich mich, ob unter den Gästen auch Russen sitzen würden. Hoffentlich nicht!

Weil ich keinen russischen Laut aus dem Stimmengemurmel heraushören konnte, öffnete ich vorsichtig die Tür zum Flur und dann diejenige zur Gaststube. Ich hatte sie noch nicht völlig hinter mir geschlossen, da sprang einer von vier Männern an einem der Tische auf und rief: »Sind Sie etwa der Mann, der heute den Russen entkommen ist?«

»Ja, der bin ich. Aber ich bin kein Spion, wie die Russen annehmen.«

»Das ist uns allen klar. Außerdem ist es uns gleichgültig. Können wir Ihnen irgendwie helfen?«

Mir fiel ein Stein vom Herzen, dass sie offenbar nicht gewillt waren, mich an die Besatzer zu verraten, und ich antwortete: »Ja. Das können Sie. Hoffentlich sind mein Mantel und meine kleine Tasche noch beim Bürgermeister. Wenn Sie mich zu ihm bringen, brauche ich nicht nach seinem Haus zu suchen.«

Mehrere der Gäste umringten mich und wollten mich zum Haus des Bürgermeisters führen, aber der Wirt rief mahnend: »Nun benehmt euch doch nicht so auffällig! Wenn Hannes ihn allein hinbringt, genügt das doch.«

Hannes war wohl so alt wie ich, griff aufmunternd nickend nach meinem Arm und führte mich auf die dunkle Straße hinaus. Meinen Namen kannte er schon.

Er wandte sich mit mir nach rechts und erklärte flüsternd: »Ich weiß, wo die Birgit ihr Schlafzimmer hat.

Wenn wir sie leise genug wecken, bleibt der Hund ruhig, und niemand wird etwas merken.«

»Ist Birgit die Tochter von eurem Bürgermeister?«

»Ja. Sie ist aber genauso in Ordnung wie ihr Vater.«

Ungefähr vier Minuten später klopfte Hannes leise an ein Fenster im Garten, das auf der Rückseite des Bürgermeisterhauses lag. Ein Fensterflügel öffnete sich einen kleinen Spalt, und Birgits Stimme fragte leise: »Wer ist denn da?«

»Birgit, ich bin's, der Hannes. Hab jemanden mitgebracht. Hoffentlich macht euer Hund keinen unnötigen Radau.«

»Nein, der schläft in der Küche und kann uns nicht hören, wenn wir nicht laut werden.«

Das Fenster war nun weit geöffnet und im Fensterrahmen schimmerte leicht das helle Nachthemd des Mädchens zu uns in die Dunkelheit heraus. »Wen hast du denn bei dir, Hannes?«, flüsterte sie.

»Den jungen Burschen, mit dem die zwei Russen heute Abend bei euch waren.«

Auch ich flüsterte unwillkürlich: »Bitte, kann ich meinen Mantel und meine kleine Tasche wieder haben?«

Nun klang Birgits Stimme halblaut: »Die kann ich Ihnen leider nicht geben. Ihre Tasche haben die Russen mitgenommen. Nur noch Ihr Mantel, die Mütze und der Schal liegen hier. Diese Dinge wollen sie aber morgen Vormittag abholen. Die waren doch so wütend, weil Sie ihnen entkommen konnten. Vater und ich möchten uns mit denen nicht anlegen!«

»Aber ohne meine Winterkleidung können Sie mich doch nicht gehen lassen. Es ist kalt, und ich weiß ohnehin nicht, wie ich wieder hinüberkomme und ohne Geld nach München zurückfahren kann. Meine Rückfahrkarte ist doch auch in meiner Ledertasche.«

Nun mischte sich Hannes, der wahrscheinlich so wie ich Soldat gewesen war, in unsere Unterredung. »Birgit! Nun mach' aber halblang. Den Russen sagst du morgen, dass heute Nacht bei euch eingebrochen wurde. Das müssen Profis gewesen sein, weil sie so leise waren und euer treuloser Lux nicht gebellt hat. Sobald Hans seine Sachen wieder hat, führe ich ihn zur Grenze. Es ist ja nicht allzu weit.«

Birgit schien kurz nachzudenken, weil einige Sekunden kein Laut zu vernehmen war. Dann hörten wir sie flüstern: »Na gut. Aber meinem Vater muss ich unbedingt Bescheid sagen. Einen Augenblick.«

Einige Minute später reichte Birgit mir Mantel, Mütze und Schal aus dem Fenster und meinte dabei leise: »Vater weiß Bescheid und ist mit eurem Vorschlag einverstanden. Ihr sollt aber so rasch und unauffällig wie möglich von hier verschwinden.«

»Vielen Dank«, sagte ich unwillkürlich in normaler Lautstärke und erntete deshalb einen warnenden Zischlaut von Hannes.

Erleichtert schlüpfte ich in meinen Mantel und hörte Hannes flüstern: »Hans, komm! Mir ist auch wohler, wenn du diese verdammte Grenze wieder überschritten hast. Die Russen sind unberechenbar.«

Das Ende der Ostzone war mit einem Schlagbaum quer über einer schmalen Sandstraße gekennzeichnet. Anscheinend wusste Hannes, dass auch dieser Weg gelegentlich von Russen bewacht wurde, denn kurz bevor wir den Schlagbaum erreichten, hielt er mich am Arm fest, und wir lauschten einige Minuten lang in die Nacht hinein. Im Januar 1949 war diese Grenzlinie hier noch nicht so gesichert, wie es später leider der Fall wurde.

Als kein Laut zu vernehmen war, begann Hannes unbekümmert laut zu sprechen, und erklärte mir den kürzesten

Weg zur Polizeistation. »Du hast ja nichts verbrochen«, meinte er. »Die werden dir wahrscheinlich weiterhelfen. Und nun wünsche ich dir eine angenehme Rückfahrt nach München.«

Hannes reichte mir die Hand, und ich drückte sie fest: »Vielen Dank, auch für deinen guten Vorschlag hinsichtlich dieser Einbrecher! Ohne eure Hilfe hätte ich meinen Mantel nicht wieder und hätte auch nicht so schnell hierher gefunden.«

Das Polizeirevier fand ich ohne Schwierigkeiten. Zwei verschlafen wirkende Beamte schienen an meiner Schilderung wenig Interesse zu haben. Es fehlte nicht viel, und sie hätten mir Vorwürfe gemacht, denn einer der beiden fragte mich unverblümt: »Wie stellen Sie sich das denn vor? Wir sollen Ihnen aufgrund Ihrer vagen Behauptungen eine Bestätigung mitgeben, mit der Sie mit der Bahn nach München fahren können? Das können Sie vergessen. Aber es bleibt Ihnen unbenommen, sich in München bei der Polizei einen neuen Personalausweis ausstellen zu lassen. Wir können Ihnen leider nicht helfen, auch wenn wir Ihnen glauben.«

Kurz vor Morgengrauen saß ich auf einer Bank am Bahnhof und wartete auf die Abfahrt des ersten Frühzugs. Hoffentlich werden die Kontrolleure im Zug Verständnis für meine Situation aufbringen, dachte ich gerade, als ich ein sehr hübsches junges Mädchen bemerkte, das mit einem eng anliegenden, hellgrauen Skianzug bekleidet war und mit Schiern auf den Schultern auf mich zu kam. Als sie an mir vorbeigehen wollte, konnte ich nicht anders und musste sie ansprechen.

»Hallo! Schon so früh unterwegs. Wohin soll's denn gehen?«

Sie schien kaum überrascht zu sein, denn sie antwortete lachend: »Nach Garmisch! Mein Vater kann mich jetzt erst fahren lassen, weil ich hier für seine Firma zuvor noch Dringendes erledigen musste. Wir haben in Selb ein Porzellangeschäft. Mein Bruder ist mit seinem VW-Käfer und meinem Koffer schon gestern vorausgefahren. Und was ist mit Ihnen? Sie scheinen bedrückt zu sein.«

Sie schien kein Kind von Traurigkeit und noch weniger eines von armen Eltern zu sein. Es freute mich, dass sie mir sofort glaubte, als ich ihr erklärte, wie ich in meine Notlage geraten war.

Nachdem wir uns gegenseitig vorgestellt hatten, meinte sie: »Herr Fackler, das ist doch kein Problem. Hier! Nehmen Sie das Geld und kaufen Sie sich eine Fahrkarte. Sie können mir den Betrag gern nach Garmisch nachsenden. Die Anschrift gebe ich Ihnen im Zug. Machen Sie aber schnell. Er fährt bald ab.«

Noch bevor wir umsteigen mussten, waren wir bereits beim Du, und noch bevor wir München erreichten, willigte Ingrid nach kurzem Zögern ein, mich auf mein Zimmer zu begleiten, um dort ihr Geld in Empfang zu nehmen.

»Gut, Hans«, lachte sie. »Aber zuvor muss ich meinem Bruder anrufen, damit er weiß, dass ich erst morgen komme.«

»Das wiederum sollte kein Problem sein. Aber meine Vermieterin gestattet keinen Damenbesuch. Wir müssen uns sehr leise in mein Zimmer schleichen.«

Ein leise glucksendes Lachen ging ihrer Antwort voraus: »Lustig! Gerade das macht doch unser heimliches Stelldichein so reizvoll.«

Andertags begleitete ich sie zum Zug nach Garmisch. Kurz bevor sie einstieg, gestand sie mir, dass sie in vier Wochen heiraten würde. »Hans. Es war schön mit dir. Aber mein Vater hat für mich einen reichen Fabrikantensohn auserkoren, der mir ein sorgloses Leben bieten kann. Bist du mir jetzt böse?«

»Nein Ingrid. Eine Fabrik kann ich dir leider nicht bieten. Aber ich kann dir alles Gute wünschen und einen schönen Urlaub dazu.«

Sie sprang winkend in den Zug, und ich würde lügen, wenn ich behaupten würde, dass mich dieser Abschied sehr bedrückt hätte.

Etwa drei Wochen später besaß ich wieder einen gültigen Personalausweis. Ein befreundeter Schneidermeister wollte mir sehr preisgünstig aus den ihm beschriebenen, aber noch bei Hannes in Geisa lagernden Stoffen Maßanzüge anfertigen.

»Hans«, meinte er selbstbewusst, »in von mir geschneiderten Anzügen wirst du besser aussehen als dein Chef! Also her mit den Stoffen!«

Diesmal überschritt ich zusammen mit drei jungen Burschen aus Thüringen auf einem kaum sichtbaren Waldsteig die Zonengrenze. Dabei überraschte es mich, wie schnell und offenbar sicher dieser geheime Grenzübertritt vor sich gehen konnte.

Das Wiedersehen mit Hannes und seiner Mutter berührte mich zutiefst, denn wir schwelgten stundenlang in Erinnerungen an unsere gemeinsamen Tage im Lazarett.

Zwei Tage später lieferte ich die Stoffe bei Oskar ab, meinem Schneidermeister. Er prüfte sie mit geübten Griffen und Blicken und meinte danach: »Hans, das reicht für zwei gute Anzüge. Schon erstaunlich, dass kurz vor Kriegsende noch eine derartig gute Qualität vorhanden war. Wer weiß, für wen sie vorgesehen waren? Den Rest des Ballens behalte ich mir aber als Arbeitslohn.«

Umwege zu gesichertem Lebensunterhalt

Die Tätigkeit als Kellner und dazu die Nebenrollen beim Theater konnten mich auf Dauer nicht zufriedenstellen. Immer intensiver las ich die Stellenanzeigen in verschiedenen Zeitungen und glaubte im Oktober 1949 etwas gefunden zu haben, das für mich geeignet schien. Eine Firma in La Chaux de Fonds im schweizerischen Kanton Neuchatel suchte Arbeiter zum Bedienen von Präzisionsmaschinen, mit denen Gold und andere Edelmetalle in kleinste Teile geschnitten werden konnten. Anfangsgehalt 800 Schweizer Franken, später mehr! Zimmer im Ort vorhanden! Dazu die Schweiz kennenlernen! Das schien mir besser, als hier weiterhin herumzuhängen.

Im Herbst 1949 fuhr ich nach La Chaux de Fonds. Der Firmenchef empfing mich freundlich: »Herr Fackler, mit deutschen Arbeitskräften habe ich bisher nur beste Erfahrungen gemacht und hoffe, dass auch Sie mich nicht enttäuschen werden. Ihr Vorgänger ist leider in unseren Bergen tödlich verunglückt. Sind Sie etwa auch Bergsteiger?«

»Nein. Mit meiner Kriegsverletzung am Bein könnte ich das nicht. Aber ich werde mir bei der Arbeit die größte Mühe geben. Stehen und gehen kann ich gut.«

Ein kurzer, schwer zu deutender Blick musterte mich, bevor er fragte: »Sie waren Soldat?« Als ich schweigend nickte, fügte er hinzu: »Das spielt hier keine Rolle. Wenn Sie eingearbeitet sind, werden Sie mehr verdienen. Ihre Aufgabe besteht darin, in Halle 3 Maschinen zu bedienen, die aus Kostengründen nicht länger als unbedingt nötig stillstehen dürfen. Wir exportieren in alle Welt, der Konkurrenzdruck ist enorm und wird immer härter. Bitte enttäuschen Sie mich nicht.«

An meinem Arbeitsplatz fühlte ich mich von Beginn an wohl und konnte zudem erfahren, was Frieden für ein Land bedeutet. Krieg und seine Folgeerscheinungen waren den Schweizern ein Fremdwort. Zu Hause dagegen waren die Wunden längst noch nicht verheilt, die das unsinnige Völkerringen nicht nur den Bewohnern unseres Landes zugefügt hatte. Mit jedem Tag begann ich mich bei den Eidgenossen wohler zu fühlen.

Weil ich privat keinerlei Verpflichtungen hatte, war ich manchmal abends der Letzte, der Feierabend machte, und trotzdem am Morgen der Erste, der seine Maschinen wieder in Gang setzte. Dies führte zu meiner großen Freude dazu, dass ich schon nach etwa zwei Monaten monatlich tausend Schweizer Franken ausbezahlt bekam. Als ich den Umrechnungskurs von Franken in Deutsche Mark überschlug, fühlte ich mich wie ein Krösus.

Doch völlig unerwartet musste unser Firmeninhaber nach nur einem Jahr seinen Angestellten eingestehen, dass ihn der Konkurrenzdruck aus anderen Ländern, ich glaube, er erwähnte Schweden und China, dazu zwingen würde, Konkurs anzumelden.

Der Personalchef einer anderen Firma hatte sich wahrscheinlich über mich informiert und bot mir die Möglichkeit, im Ort bleiben. Meine neue Firma stellte in diffiziler Feinarbeit Uhrfedern her. Der Firmeninhaber war jedoch extrem sparsam und blieb trotz meiner unübersehbar guten Arbeitsleistung knauserig.

Nicht nur deshalb zog es mich nach Deutschland zurück. Meine Bewerbung bei einer Firma in Pforzheim war erfolgreich. Dort wurden kleine und kleinste Schrauben für Uhren hergestellt, also eine Tätigkeit, die zu meinen bisherigen Aufgaben passte. Als mein eidgenössischer Firmenchef dies erfuhr, wurde er plötzlich freigiebig:

»Herr Fackler! Sie erhalten ab sofort 1100 Fränkli im Monat! Das ist doch kein Pappenstiel! Überlegen Sie sich diesen Ortswechsel bitte noch einmal gründlich!«

»Nein danke, Herr Knüsachli. Dafür ist es jetzt zu spät.«

Natürlich bereitete es mir eine gewisse Genugtuung, dieses Angebot ablehnen zu können. Mit der Auswahl meiner Firmen schien ich jedoch kein Glück zu haben, denn schon nach einem halbem Jahr kreiste der Pleitegeier auch über dem Dach der Firma in Pforzheim. Mich aber zog es ohnehin zurück in meine Heimatstadt München.

Schon während meiner Einarbeitungszeit verdiente ich bei MAN sehr gut und konnte schon im anschließenden Jahr 1955 zum Prüfer von Präzisionsteilen aufsteigen.

Bis zum Jahr 1957 verdiente ich auf diese Weise gutes Geld, konnte aber einem inhaltlich und finanziell sehr verlockenden Angebot der Firma Anker Werke in Bielefeld nicht widerstehen, für sie als Vertreter in München zu arbeiten. Ich war mir sicher, dass ich andere Leute gut für Maschinen interessieren konnte, von deren Güte ich selbst überzeugt war. Und die Registrierkassen der Firma Anker waren gute deutsche Wertarbeit.

Nach einer kurzen, intensiven Schulung in Bielefeld und nach anfänglichen Anlaufschwierigkeiten verdiente ich als Bezirksvertreter der Firma Anker Werke besser als jemals zuvor. Zu meinem Bezirk gehörte auch die Stadt Freising im Norden Münchens. Dort konnte und wollte ich mir nach einem besonders erfolgreichen Verkaufstag eine Ruhepause gönnen. Was ich dabei erleben durfte, blieb für immer in meinem Gedächtnis haften.

Sehr entspannt saß ich im Kaffee Eggerdinger und beobachtete fröhlich gestimmt und mit mir selbst zufrieden durchs Fenster die Passanten, die draußen vorbeigingen. Dabei bemerkte ich einen Mann, der vom Fahrrad stieg und mich einige Minuten später beim Betreten des Kaffees seinerseits abschätzend betrachtete. Weil ich allein an einem kleinen Tisch saß, trat er ohne zu zögern näher, setzte sich zu mir und meinte dabei in gemütlichem bayerischem Dialekt: »Des derf i doch.«

Weil mir ohnehin nach Unterhaltung zumute war, entgegnete ich lachend: »Selbstverständlich. Der Tisch gehört mir doch nicht.«

Er zündete sich eine Zigarre an und blickte dabei über das dabei kurz aufflackernde Flämmchen zu mir herüber. »Hab Sie noch nie hier gesehen. San'S neu zugezogen?«

»Nein. Ich hab' heute einige Geschäfte hier mit Registrierkassen versorgt. Die sparen Arbeitszeit und registrieren dazu automatisch die Tageseinnahmen.«

»So, so. Gibt's da verschiedene Registrierkassen?«

»Natürlich.« Er schien interessiert zu lauschen, während ich ihm kurz unsere verschiedenen Arten von Registrierkassen erläuterte, die je nach Bedarf verwendet werden konnten. Danach unterhielten wir uns angeregt über alle möglichen Dinge, und ich staunte, wie vielseitig interessiert dieser Mann war, der äußerlich so unauffällig wirkte.

Plötzlich schien er es eilig zu haben, denn er blickte auf die Uhr und winkte die Bedienung an den Tisch. »Erna, zoin!«

Bevor er das Kaffee verließ, wandte er sich nochmals zu mir und meinte im Brustton der Überzeugung: »Macht's hoid a gscheite Maschin. Dann braucht's bloß oane bauen. Pfüat Eana.«

Von der lachenden Bedienung erfuhr ich, dass der Mann in weitem Umkreis als »Roider Jack« bekannt war. Wegen seiner scharfzüngigen »Schnaderhüpfl« war er bei den

Reichen und Mächtigen nicht immer wohlgelitten. Denn er scheute sich keineswegs, höhergestellte Persönlichkeiten mit beißendem Spott zu bedenken und ohne Scheu den Finger in offene Wunden zu legen. Selbst mit den Nazibonzen hatte er sich angelegt. Wegen seiner Sendungen im Rundfunk war er auch für mich kein Unbekannter.

Der Markt für Registrierkassen war schneller gesättigt, als ich es erwartet hatte. Deshalb musste ich nun meinen Lebensunterhalt ein halbes Jahr lang bei der Firma Niedermeier & Reich als Autoverkäufer verdienen. Obwohl ich bei meinen Fahrten als Handlungsreisender zum Autoliebhaber geworden war, musste ich feststellen, dass ich dazu völlig ungeeignet war. Doch das Glück war mir wieder einmal gut gesinnt, denn die Bayern Versicherung am Karolinenplatz 5 bot mir einen sicheren Arbeitsplatz als Vertreter mit überdurchschnittlichem Einkommen.

Weil ich von Natur aus ein kontaktfreudiger Mensch bin, gewann ich innerhalb verhältnismäßig kurzer Zeit einen Kundenstamm, der mir nicht nur bei der Geschäftsleitung ein gewisses Ansehen einbrachte. Mit meinem Einkommen konnte ich mir Dinge leisten, von denen ich zuvor kaum zu träumen gewagt hatte. So war es beispielsweise kein Problem, jedes Jahr in Kitzbühel meinen Skiurlaub zu verbringen, die Jägerprüfung abzulegen und mit Bekannten oder Kunden auf die Jagd zu gehen.

Meine damalige Freundin Gabriele Heirich war Anwältin und ihr Vater ebenfalls. Er war Inhaber des Jagdreviers Zellmühleck. Dort hatte ich schon meine Zeit beim Arbeitsdienst zugebracht, und jetzt machte ich dort Bekanntschaft mit der Jagd.

Unter denen, die mit mir zusammen die Jägerprüfung ablegten, war auch ein Herr Seiler, der in einer Anwaltskanzlei beschäftigt war. Dieser bat mich im Frühjahr 1967, seine Cousine mit nach Kitzbühel zu nehmen: »Hans, du würdest damit mir und der jungen Dame einen großen Dienst erweisen. Sie ist Apothekenhelferin und kennt nur ihre Arbeit. Das Mädchen muss doch einmal raus aus dem Alltagstrott!«

»Wenn's sonst nichts ist? Diesen Wunsch kann ich gern erfüllen. Übermorgen will ich wieder einmal nach Kitzbühel fahren. Wo kann ich denn die Dame abholen?«

»Sehr gut, Hans! Ich werde sie sofort anrufen, dann kann sie nicht lange überlegen, nur zusagen.«

Er nannte mir noch ihre Anschrift und Telefonnummer. Dabei erfuhr ich auch, dass die Dame 13 Jahre jünger als ich sei und zudem gut aussehe.

Damals dachte ich nicht im Traum daran, dass sie einmal meine Frau und die Mutter meiner beiden Kinder, Steffi und Florian, werden würde. So geschah es, dass ich im Jahr 1967 im Bereich der Marktgemeinde Glonn im Landkreis Ebersberg für meine Familie ein Haus bauen konnte, in dem ich heute noch lebe. Leider haben sich später unsere Wege getrennt, doch zu meinen beiden Kindern habe ich nach wie vor ein gutes Verhältnis.

Meine Mutter lebte wieder in München in einer Mietwohnung und war dort glücklich und zufrieden. Leider verstarb sie im Jahr 1980 im Alter von 80 Jahren, und ich brauchte eine ganze Weile, um diesen Verlust zu verkraften. Aber das Leben musste weitergehen, und ich nahm mir vor, alles zu genießen, was es mir bieten konnte.

Nicht unerwähnt lassen möchte ich eine Anekdote aus dem Jahr 1963, die mir lange vor meiner Ehe widerfuhr. Obwohl ich zu dieser Zeit den größten Teil meiner Freizeit mit meiner damaligen Verlobten verbrachte, war ich doch oft und gern auch mit meinen Freunden im Hahnhof in der Leopoldstraße. Wieder einmal saßen wir in fröhlicher Runde zusammen. German Dinser war als Einziger von uns zu Fuß gekommen, weil er von seinem Geschäft in der Nähe des Marienplatzes nicht weit zu gehen hatte. Die Übrigen hatten ihre Autos in der Nähe abgestellt. Fast alle von uns waren zwar fröhlich, ein wenig angeheitert, aber keinesfalls betrunken. Jeder fühlte sich zu Recht nach wie vor fahrtüchtig, denn die vorgeschriebene Grenze lag damals noch bei 1,5 Promille, und ddavon waren wir noch ein Stück entfernt.

Als wir nach etwa drei Stunden auf die Straße hinaustraten und zu unseren Parkplätzen gehen wollten, erwartete uns jedoch eine böse Überraschung. Ohne es zu wollen, wurden wir in einen Strudel demonstrierender junger Leute hineingezogen, die sich mit Polizeibeamten eine lautstarke Prügelei lieferten. Dabei ergriffen die Beamten auch mich, weil sie mich für einen der Demonstranten hielten. Sie zerrten mich trotz heftiger Gegenwehr zu einem Polizei-LKW vor dem Siegestor. Obwohl ich lautstark protestierte, musste ich auf der Ladefläche eines dieser Fahrzeuge Platz nehmen. Mehrere junge Männer um mich herum schienen zwar genauso wütend wie ich zu sein, doch wir mussten uns alle der Staatsgewalt fügen.

Einigen Minuten lang blickte ich hinab auf das allmählich ruhiger werdende Treiben in der Leopoldstraße. Dabei erkannte ich einen jungen Mann, der sich mit zwei Polizisten nur wenige Meter von unserem LKW entfernt unterhielt. Herr Schreiber war etwa ein Jahr zuvor in meinem Büro in der Bayerischen Versicherungskammer als Rechtsreferendar beschäftigt gewesen, um auch Kenntnisse im Versicherungswesen zu erwerben. Wie ich gehört hatte, war er inzwischen höherer Polizeibeamter.

Plötzlich erkannte auch er mich, blickte erstaunt zu mir herauf und fragte: »Herr Fackler! Gehören Sie etwa auch zu diesen Randalierern?«

»Aber nein, Herr Schreiber. Wir saßen lediglich so wie auch sonst immer im Hahnhof. Sie kennen das doch, waren dort auch mehrmals mit uns zusammen! Mit diesen Randalierern haben wir nichts zu tun. Herrn Dr. Kulmann haben sie übrigens auch festgenommen! Den kennen Sie doch!«

»Natürlich! Einen Moment bitte!« Er sprach einige Worte mit den beiden Beamten, und danach durfte ich vom LKW steigen und sagte: »Vielen Dank, Herr Schreiber! Denken Sie bitte auch an unseren Anwalt, Herrn Dr. Kulmann?«

»Aber natürlich. Auch diesen Irrtum klären wir. Kommen Sie bitte gut nach Hause!«

Anderntags sah ich zu meiner Überraschung das Bild von meiner Festnahme in der *Neuen Illustrierten* und musste den gutmütigen Spott meiner Arbeitskollegen über mich ergehen lassen.

»Schaut doch, unser Hans ist auch ein Randalierer und hat kräftig mitgemischt bei den ›Schwabinger Krawallen‹.«

Die Sechzigerjahre waren aber nicht nur von Krawallen und Studentenunruhen geprägt. Für viele aus meiner Generation waren sie eine Art Goldenes Zeitalter. Das schon bald nach dem Krieg einsetzende Wirtschaftswunder sorgte in nahezu allen Branchen für kräftiges Wachstum und einen überschäumenden Optimismus. Vielleicht war es eine Art ausgleichender Gerechtigkeit, dass wir, die jungen Kriegsteilnehmer, die an allen Fronten gelitten und geblutet hatten, davon am meisten profitierten. Nicht zuletzt die grauenvollen Verluste an Menschenleben hatten zur Folge, dass nun, im wirtschaftlichen Aufschwung, die Arbeitskräfte knapp und umworben wurden. Der kurz nach Kriegsende einsetzende »Kalte Krieg«, der die zwei-

219

te Hälfte des 20. Jahrhunderts prägende Dauerkonflikt zwischen dem Westen und dem kommunistischen Block, hinderte die Sieger daran, die Fehler des Ersten Weltkriegs zu wiederholen und die Besiegten in einer Weise zu demütigen, die den Keim für neue Konflikte legte. Stattdessen verschob man die Friedensregelung auf unbestimmte Zeit und integrierte die jeweiligen Besatzungszonen in das eigene politische System – zumindest in den drei westlichen Zonen sehr zum Vorteil der jungen Bundesrepublik, die für die Westmächte vom Feind zum unentbehrlichen Partner und sichersten Verbündeten wurde.

Die massiven Zerstörungen der deutschen Industrie hatten zudem zur Folge, dass diese den Wiederaufbau mit modernsten Maschinen bewerkstelligte und auch dadurch einen Wettbewerbsvorteil gegenüber den Konkurrenten gewann.

Vor diesem Hintergrund konnten sich nach den chaotischen und entbehrungsreichen ersten Nachkriegsjahren viele aus meiner Generation über Karrieren freuen, die ihnen nicht unbedingt in die Wiege gelegt waren, und ich gehörte dazu. Meine sicheren Einkünfte wirkten sich mehr und mehr vorteilhaft und beruhigend aus und ließen mich früheres, unstetes Dasein nach dem Krieg vergessen. Obwohl ich der Ausbildung nach Handwerker war, hatte ich in der Versicherungswirtschaft Erfolg, genoss meinen Wohlstand und die damit verbundenen sozialen Kontakte. Namentlich der Jagd verdanke ich viele ehrliche Männerfreundschaften. Meinem sozialen Aufstieg verdanke ich auch meine reizende Schwiegertochter, und heute habe ich zwei allerliebste Enkel, zwei Buben, die ihren Opa immer wieder besuchen.

Von meinen einstigen Kameraden an der Ostfront habe ich nie mehr etwas gehört. Nur Franz, mit dem zusammen ich zu Fuß aus Thüringen vor den Russen fliehen und dadurch der russischen Gefangenschaft entgehen konnte, hat mich einmal zusammen mit seiner Frau in unserem damals gerade fertiggestellten Haus besucht. Als zweitgeborener Sohn eines Landwirts im niederbayrischen Pocking sah er in der alten Heimat keine Zukunft für sich und zog deshalb zu seiner damaligen Freundin und jetzigen Ehefrau nach Köln. Bei seinem Besuch verstanden wir Männer uns ausgezeichnet und schwelgten stundenlang bei einer guten bayerischen Brotzeit in Erinnerungen. Seine Frau hingegen verhielt sich eher zurückhaltend und betrachtete mich und unsere Umgebung mit schwer zu deutenden Blicken.

Doch obwohl es das Schicksal mit den Überlebenden des Zweiten Weltkriegs in der Regel gut gemeint hat, kommen wir nicht los von den Schrecknissen, die wir erfahren mussten, und von der Schuld, in die wir wider Willen und ohne eigenes Zutun verstrickt wurden. Meine Erlebnisse als blutjunger Soldat, vor allem das grausame Geschehen beim Untergang der *Wilhelm Gustloff*, haben mich tief geprägt, und in meinen Träumen höre ich sie bisweilen noch immer: die Schreie der Ertrinkenden.
Der Krieg, das haben wir am eigenen Leib erfahren, ist die schlimmste Geißel der Menschheit, die nicht nur Soldaten, sondern vor allem unschuldige Frauen, Männer und Kinder trifft. Deshalb müssen wir dafür eintreten, dass die verantwortlichen Politiker und Machthaber der jüngeren Generation den uns bisher geschenkten Frieden für unsere Enkel und möglichst auch für die nachfolgende Zeit bewahren. Es gibt keine wichtigere Aufgabe!

Weitere Bücher der Edition Förg

Irgendwie überlebt
256 Seiten
ISBN: 978-3-933708-95-3

Durch den Zweiten Weltkrieg wurde eine ganze Generation geprägt. Einige der letzten Überlebenden kommen mit ihren Geschichten nun zu Wort. Diese handeln meist von jungen Männern und deren Erfahrungen. Bereits nach kurzer Grundausbildung geht es in den Krieg – gegen Partisanen, bei der Luftwaffe, an der Ostfront. Aber nicht nur Soldaten hatten unter den Schrecken des Krieges zu leiden. Dies zeigt die bewegende Geschichte einer jungen Norwegerin, die sich in einen deutschen Soldaten verliebt und mit den Anfeindungen ihrer Landsleute, sowie dem Misstrauen der Gestapo ihrer Familie gegenüber zu kämpfen hat. In fünf Schicksalen schildert Klaus G. Förg, wie diese Zeitzeugen allen Widerständen zum Trotz „irgendwie überlebt" haben.

Lady Death
400 Seiten
ISBN: 978-3-933708-86-1

Ljudmila Pawlitschenko war eine der erfolgreichsten Scharfschützin-
nen aller Zeiten. Als Hitler im Juni 1941 in Russland einmarschierte,
brach sie ihr Studium ab, um in die Rote Armee einzutreten und ihr
Land zu verteidigen. Innerhalb eines Jahres konnte Pawlitschenko 309
bestätigte Abschüsse vorweisen und erwarb sich damit ihren düsteren
Spitznamen »Lady Death«. Nach ihrem Frontdienst nahm sie an einer
diplomatischen Mission in den Westen teil und freundete sich sogar mit
Eleanor Roosevelt an, der Frau des amerikanischen Präsidenten.
In ihrer mitreißenden Autobiografie kommt diese ungewöhnliche Frau
selbst zu Wort und berichtet vom Alltag an der Front und den Auswir-
kungen, die der Krieg auf ihr Leben und die ganze Welt hatte.

Die russische Agentin

432 Seiten
ISBN: 978-3-933708-87-8

Die Agentin Sonja Rasumova wird von Moskau aus nach Berlin geschickt, um den Verräter Wlassow ausfindig zu machen und zu eliminieren. Sie ist Teil einer Sondereinheit der Roten Armee und Spezialistin für Spionage und verdeckte Einsätze. Mit Geschick, Skrupellosigkeit und ihrem guten Aussehen ist sie eine der angesehensten Spione Stalins. In Deutschland angekommen findet sie Wlassow, jedoch ist die Erfüllung ihres Auftrages nicht so einfach, wie es schien. Weitab der Schlachtfelder des 2. Weltkrieges tobt ein Kampf der Geheimdienste und Agentin Rasumova muss sich entscheiden, für welche Seite sie ihr Leben aufs Spiel setzt.

Informationen zu unserem Verlagsprogramm finden Sie
unter www.rosenheimer.com